道路桥梁工程施工管理

李生隆　李洪坤　胡子付　**主编**

吉林科学技术出版社

图书在版编目（CIP）数据

道路桥梁工程施工管理 / 李生隆，李洪坤，胡子付
主编 . -- 长春：吉林科学技术出版社，2020.8
ISBN 978-7-5578-7132-1

Ⅰ．①道… Ⅱ．①李… ②李… ③胡… Ⅲ．①道路施工－施工管理②桥梁施工－施工管理 Ⅳ．①U415.1
②U445.1

中国版本图书馆CIP数据核字（2020）第074058号

道路桥梁工程施工管理

主　　编	李生隆　李洪坤　胡子付
出 版 人	宛　霞
责任编辑	端金香
封面设计	李　宝
制　　版	宝莲洪图
幅面尺寸	185mm×260mm
开　　本	16
字　　数	240 千字
印　　张	10.75
版　　次	2020 年 8 月第 1 版
印　　次	2020 年 8 月第 1 次印刷
出　　版	吉林科学技术出版社
发　　行	吉林科学技术出版社
地　　址	长春净月高新区福祉大路5788号出版大厦A座
邮　　编	130118
发行部电话/传真	0431—81629529　　81629530　　81629531　　　　　　　　　81629532　　81629533　　81629534
储运部电话	0431—86059116
编辑部电话	0431—81629520
印　　刷	北京宝莲鸿图科技有限公司
书　　号	ISBN 978-7-5578-7132-1
定　　价	55.00 元

版权所有　翻印必究　举报电话：0431—81629508

前　言

　　道路桥梁建设是我国经济快速发展的重要载体和重要支撑，市政道路桥梁建设有助于推动城市化进程，推动我国城市化发展建设。市政道路桥梁工程在建设的过程当中，需要做好施工管理工作，根据工程的结构选取适合的施工技术，根据施工标准科学的开展施工项目建设，不断地提高工程的质量。本书主要从施工质量、技术、进度、安全性等方面，探讨如何提高市政桥梁工程施工管理的质量和水平，希望对提高市政桥梁工程的质量，促使其工程顺利开展有所帮助。

　　道路桥梁工程需从多个方面采取相关管理措施来保障工程质量，结合更先进的信息技术，将工程各个施工阶段的信息与数据汇总并处理，确保工程各个施工环节能够得到更加全面的管控，切实提升工程实际施工效率，为保障道路桥梁工程能够更好满足社会城市化发展要求奠定坚实技术基础。

　　道路桥梁工程在实际施工期间的周期长，涉及技术种类多，需要大量施工人员参与到施工作业中，因此施工人员专业水平可直接影响到工程的总体质量与施工效率。但就目前来看，部分施工管理人员没有对施工人员专业水平的培养工作给予高度重视，导致施工人员的安全意识与质量意识不高，极易发生消极怠工等情况，为工程施工埋下众多安全隐患。

　　桥梁道路工程施工各环节均受到严格的质量监管，通过控制施工技术应用情况，施工进度以及施工质量，需设立专门的监管部门参与到工程施工中。但由于部分施工企业过于重视经济利益最大化目标实现，所使用的工程监管机制较为老旧，没有将相关监管标准落实到位，导致工程质量难以从根本上得到保证。

　　在现阶段道路桥梁施工管理过程中，还存在缺乏科学管理体系的问题，相关管理部门没有针对现行工程质量管理标准，对管理体系进行优化，导致工程后期维护成本增加，对施工企业综合效益造成严重不利影响，严重阻碍地区城市交通发展水平。

目 录

第一章 道路建设 ... 1
第一节 村内道路建设与管护 ... 1
第二节 城市规划与道路建设规划 ... 4
第三节 生态思想与道路建设发展 ... 6
第四节 基于海绵城市理念的市政道路建设 ... 10
第五节 城市道路建设与环境保护 ... 15
第六节 道路建设与水土保持方案 ... 17
第七节 BIM 技术与城市道路建设 ... 20

第二章 桥梁工程 ... 24
第一节 桥梁工程测量技术现状及发展方向 ... 24
第二节 市政桥梁工程质量的控制要点 ... 26
第三节 桥梁工程机械维护"三原则" ... 30
第四节 桥梁工程质量监督 ... 32
第五节 桥梁工程监理工作的有效方法 ... 34
第六节 桥梁工程建设现场管理 ... 38
第七节 桥梁工程的常见病害与施工处理技术 ... 41
第八节 桥梁工程施工成本核算和控制 ... 44

第三章 路桥施工技术 ... 47
第一节 路桥施工技术及质量控制方法 ... 47
第二节 路桥施工技术对软土地基处理方法 ... 50
第三节 高寒和多年冻土地区路桥施工技术 ... 53
第四节 路桥施工技术与安全管理 ... 56

第五节　三维动画与路桥施工技术传承 59
第六节　路桥施工技术的管理与改进措施分析 62
第七节　水泥搅拌桩在路桥施工技术的实践 64
第八节　路桥工程施工中几种常见的路桥施工技术 67
第九节　公路工程路桥桩基钻孔施工技术 70
第十节　路桥施工中的裂缝防治质量技术 73
第十一节　拉链式路桥变形缝装置施工技术 76

第四章　路桥工程项目管理理论研究 80
第一节　路桥国际工程项目管理 80
第二节　路桥建设项目目标持续性评价 82
第三节　基于成本控制的路桥项目合同管理 85
第四节　路桥施工项目管理组织模式 88
第五节　路桥施工项目标杆管理 91
第六节　路桥施工企业项目管理系统 95

第五章　道路工程施工管理 99
第一节　道路施工管理现状与改善方案 99
第二节　道路施工管理中如何体现创新管理 102
第三节　市政工程道路施工管理与质量控制 104
第四节　交通复杂情况下的市政道路施工管理协调 107
第五节　城市道路施工管理方法 109
第六节　道路施工管理思路 112
第七节　当代高速公路道路施工管理与养护 115
第八节　园林工程中的道路施工管理 118

第六章　桥梁工程施工管理 121
第一节　桥梁施工管理中的质量与安全控制 121
第二节　桥梁施工管理养护技术及加固维修 124
第三节　大体积混凝土桥梁施工管理 126
第四节　高速公路工程桥梁施工管理分析 129

  第五节 桥梁施工管理要点 ··· 133

  第六节 精益思想在桥梁施工管理的应用 ··· 135

第七章 道路桥梁施工管理 ··· 140

  第一节 道路桥梁施工管理的问题及解决措施 ···································· 140

  第二节 道路桥梁施工管理养护对策探究 ·· 142

  第三节 道路桥梁施工管理中裂缝的处理 ·· 144

  第四节 道路桥梁施工管理工作的研究 ·· 147

  第五节 道路桥梁施工管理的优化 ·· 150

  第六节 道路桥梁施工管理控制要点 ·· 152

  第七节 道路桥梁施工管理养护及加固维修技术 ································ 155

  第八节 预算定额在道路桥梁施工管理中的应用 ································ 159

参考文献 ·· 162

第一章 道路建设

第一节 村内道路建设与管护

"要想富，先修路"。村内道路建设是村镇公路的延伸，是直接服务于农村、造福于农民的基础设施，是一项民心工程、民生工程。2019年中央一号文件指出："实施村庄基础设施建设工程，加强村内道路建设，健全村庄基础设施建管长效机制。"目前全国99.6%的乡镇和99.47%的建制村通了硬化路，但村内道路建设滞后，道路缺乏有效管护。加快构建"多方参与、布局合理、供需衔接、管护高效"的村内道路建管机制具有重要意义。

一、村内道路建管的制度变迁

村内道路是指在农村范围内，用于自然村间、田间道路交通运输，并在国家公路网络体系之外，以服务于农村农业生产为主要用途的道路（含机耕道）。根据2017年国土资源部组织修订的国家标准《土地利用现状分类》，南方村内道路宽度≥1米、≤8米，北方宽度≥2米、≤8米。各地结合实际，根据地理条件、社会经济发展水平建立了不同的村内道路建设标准。如江苏省徐州市规定，村内主干道的路面宽度一般不低于4米，水泥混凝土路面面层厚度不低于18厘米，沥青混凝土路面面层厚度不低于4厘米。

新中国成立以来，我国村内道路建设与管护大致经过了四个阶段。

村集体自我供给阶段（1949年到1957年）。这一时期，村内道路停留在局部、小范围、自发式建设阶段，主要是靠农民自我供给，通过将农民在较大范围内动员和组织起来，走用劳动力最大限度代替资金的道路。

公社统一供给阶段（1958年到1978年）。该时期村内道路建设与管护没有进入国家公共财政支出系统，仍以人民公社为主体。人民公社具有统一管理劳动力、大规模调动劳动力的权力，因而可以组织大量劳动力参与村内道路建设。在计划经济体制条件下，村内道路建设与管护实行的是自上而下的供给决策机制。

村集体自我供给阶段（1979年到2005年）。这一阶段，村内道路建设由镇村组织实施，建设资金来自农民。村内道路建设仍然承袭了以往时代的自上而下的决策机制，但一些经济发达地区的村集体，村干部在村内道路建设中有了一定的决策权，同时，农民变成独立的生产经营主体后，逐渐有了自己对村内道路建设与管护的需求意识。

政府资助、多元供给阶段（2006年至今）。2008年，我国推行村级公益事业建设"一事一议"财政奖补试点工作，对农村基础设施建设进行财政补助。由于村民"一事一议"自筹的资金常常不足以应付，村内道路建设往往需要政府项目资金的辅助或者通过其他途径支撑（如乡贤捐款、企业主捐款等），投资主体实现多元化。通过"一事一议"的方式，村民表达需求偏好的渠道更加畅通、机制更加规范，一定程度上实现了村内道路建设决策的自主性。

二、村内道路建管的现状分析

各地结合自身实际，积极探索村内道路建管模式，主要有以下几种类型。

专项资金为主建设模式。该模式在贫困村较为典型，村内道路建设的资金主要来自政府财政专项资金，其他渠道资金为辅。如江苏徐州A村是省级贫困村，2018年村集体经济收入约20万，2018年该村筹资60万元，其中50万是"一事一议"财政奖补省考核奖励资金，10万元为省级对口支援单位支持、"一事一议"筹资筹劳和村民捐款。村内道路建设都是由镇政府相关部门到农村产权交易市场平台上进行立项、招标、双方签合同（村集体与施工方），县部门审计后正式完成。2018年共修村内水泥路800米，路宽3.5米。

财政全兜底模式。该模式在拆迁改造村较为典型。2018年开始，江苏省委省政府大力推进"苏北农村集中居住"工程，每年投入约100亿财政资金建设新型村社区，村内道路建设自然涵盖其中。苏南地区市委市政府自掏腰包，自主推进"农村住房条件改善"工程。无锡市锡山区将在2020年前完成对全区1000个左右自然村的改造，每个村基础设施建设补助标准为20万元/户。

社会资本介入模式。该模式在旅游村等资源型村庄较为典型。主要表现为，村内道路建设与管护由村集体一手操办，但建设成本通过提高房租等形式向社会资本分摊。如无锡市锡山区东港镇山联村，是首批全国乡村旅游重点村，通过发展旅游特色产业，吸引社会资本进入村内投资。

目前村内道路建设与管护存在以下几个方面的问题。

缺乏科学规划，无法较好形成路网协同效应。如一些地区村内道路建设与乡村公路建设不匹配，无法相互衔接形成健全的农村公路网络。一些地区村内公路建设与配套设施在资金分配、施工工期安排等方面存在不合理现象，如在资金不够丰裕的情况下，排水沟等配套设施没有与村内道路建设同步完成，阻碍了村内道路服务功能的充分发挥。此外，自然村之间的村内道路建设条块分割，无法形成系统化、规模化，难以实现资源配置的规模效应。

建设资金缺口大，村内道路建设难落实。2018年，江苏省"一事一议"省级财政资金奖补额度为13亿元，平均每县奖补资金近2000万元，实施项目近80%是村内道路。县（市）按"一次规划、分年实施"的要求建立项目库，每年覆盖1/3行政村。虽然政府财政投入力度非常大，但是对老百姓的道路需求而言，资金缺口仍然非常大；虽然村内道路建设的决策村民一致认同，也非常愿意参与"一事一议"筹资筹劳，但是在具体落实先修哪条路时，村民间存在分歧。

重建轻管现象普遍，村内道路建设的长期绩效弱化。目前农村对村内道路建设普遍存在重建轻管的现象，基本没有专人或专门的资金用于管护。村领导对村内道路管护的意识也不强，提到村内道路的管护，村书记大多只能想到道路保洁。此外，缺乏可持续的道路管护资金投入是造成道路无人管护最重要的障碍。

农民参与度不够，主人翁意识没有充分发挥。近年来村民参政议政的话语权和积极性得到了明显提高，但由于优秀人才和青壮年农村劳动力的外流，以及自身文化程度和综合素质的限制，多数农民在参与决策时，都是从短期收益和自身利益出发。此外，村民的重心更多在自身的家庭和事业发展，主动关心村庄发展、参与建设决策的积极性还不够高。

监督管理不够，缺少"事前""事后"的科学评价。村内道路建设"一事一议"项目虽然通过了召开村民代表会、公开公示等必要的程序，但因缺乏专业团队的"事前"评价，难以保证建设规划、施工方案等的规范化和科学性，容易造成项目实施的随意性和主观性。同时，村内道路建设资金来源渠道多、项目总体规模较小，工程概算、预决算及监理程序比较弱化，多数工程缺乏工程量的详细核算，难以用统一标准对项目建设质量进行现场勘验，也给工程造价审核造成较大困难，项目工程质量和资金投入的合理性难以客观地"事后"评价。

三、村内道路建管路径探索

加快推进村内道路建设，建立符合国情农情的管护体制机制是改善农村人居环境、推进乡村振兴的重大任务，为此，提出以下对策建议。

规划先行，提高村内道路供给效率。村内道路规划设计必须与当地时空信息完美结合。一方面，村内道路建设规划应与美丽乡村规划相协调，使其成为美丽乡村建设总体规划的有机组成部分；另一方面，村内道路建设应注重农村公路网络协调性，充分考虑村庄内外部道路网络的系统性，使农村公路建设连成片、串成串，形成规模化、系统化。村内道路建设可采取政府补助、合同承包等多样化的供给服务方式，有效降低政府运营成本。要完善村内道路建设的民主决策机制，赋予农户主体地位，允许农户拥有决策权、知情权和发言权，建立自下而上的需求传达机制。

多元投入，积极引入社会投资建设主体。加快形成以中央和地方政府的公共财政为主、市场力量供给为辅、当地农民适当参与的多元化格局，保障村内道路建设资金的稳定落实。

继续加大中央和地方财政投入，每年在农村基础设施建设资金中划出稳定比例用于村内道路建设，并且每年资金量要与财政收入同步增长。地方政府要强化整合来自上级不同部门的项目资金，统筹规划，充分发挥财政资金的聚集效应和规模效益。此外，要积极引导社会资本参与到村内道路建设，研究制定相关优惠政策，创新融资主体，丰富融资模式，拓展融资渠道，充分利用工商资本、银行贷款、社会捐赠等资金投入村内道路建设。

建管并重，加快建立健全道路管护制度。在加大村内道路建设的同时，加快建立健全"有路必管、有路必养"的管护制度，明确管护主体、管护责任、管护范围等。通过宣传、培训等方式增强农民对村内道路管护的意识，设计合理的渠道和机制，让村民积极参与管护，利用社区道德规范引导农户自愿合作，爱护村内道路。探索建立村内道路"路长制"，在镇村两级中逐层签订维护与管理的目标责任制，分解具体任务，保证任务明确、奖惩分明、保障有力。加快发展多种形式的管护组织，将村内道路的管护纳入专业的管护组织之下，提高管护水平，强化村内道路管护资金的落实，以县乡两级地方政府为主，每年根据村内道路建设里程，在农村基础设施建设资金中划出一定比例支撑。

强化监督，确保村内道路建得好质量高。充分发挥政府自身的管理优势，切实为农村基础设施建设把好"质量关""资金关"。加强村内道路建设的"事前"评价。充分发挥财政、农业、住建等部门职能作用，引入社会第三方专业团队积极参与，探索建立必要的"事前"论证和评价工作机制。针对项目规模小、施工环境差异大、资金来源多元化的情况，依托镇级政府探索建立必要的工程监理机制，并完善工程造价手续与结算制度，必要时可聘请第三方审计机构，为提高村内道路建设质量和资金使用效果创造更好的条件。此外，还可以组织当地具有一定社会影响力、热心公共事业的农民参与村内道路建设工程资金使用和质量监督等。

第二节　城市规划与道路建设规划

重视交通运输就是重视人类生活品质的提升。随着时代的进步，城市化建设不断优化与完善，为了保证人们的生活品质能够得到提升，就应该对人民的交通运输方式以及日常城市化需求提高重视，这样一来就能够满足越来越多人的生活需求，从而使得人们生活幸福感得到提升。总之，城市与交通建设和发展越来越复杂，需要的规划与设计就会越来越全面，所以，应用最合理的理念与技术，不断地强化城市与交通建设才是社会发展的核心。

城市化建设逐渐完善预示着城市规模建设越来越大，为了保证与日俱增的城市人口都能够在城市中过着满意的生活，就应该重视城市规划，在城市建设之前不断完善城市与道路建设，这样就能够使越来越多的人在城市中生活品质得到提升。但是目前我国城市建设还是存在一定的问题，由于城市建设的配套设施不够完善，而且城市规划没有太多的远见，就会导致越来越多的城市建设水平不够高，时常会出现城市中心交通拥挤的情况。而这又多是由于城市道路建设与规划不够合理，导致道路交通问题与日俱增，所以，城市规划与道路规划之间是存在复杂联系的，相关部门对此应该予以更多的重视才能够从根本上解决问题。

一、我国道路交通规划存在的历史问题

为了更加透彻地理解我国城市规划中存在的交通问题，就应该对道路交通规划存在的历史问题予以重视。我国在建国之前，国家发展属于封闭性，所以，经济建设十分缓慢而落后，那个时候的城市建设并不能够考虑到道路的规划概念，所以，自从新中国成立以来的城市建设，一直对道路规划缺乏重视，直到现代化建设不断优化，我国相关部门对城市建设中道路规划才开始提高重视，但是城市道路建设一直以来又受到经济发展的制约，因此，我国道路建设整体程度都是比较落后的。

从历史发展情况进行总结得出，我国在道路建设方面的认识还是存在缺陷的，与国外发达城市相比较，道路的功能分工还是不太明确，由于城市化建设逐渐普及，城市道路越来越宽广，所以重视主干道以及次干道的功能分布是非常关键的，只有做好道路的分流建设才能够从根本上缓解交通压力。另外，我国城市道路的布局不算合理，城市道路的密度过于大就会提升交通压力，与此同时还会影响城市环线设计，没能做到道路资源的充分利用，从而阻碍众多道路的通行能力提升。最后一点就是城市规划过程中道路规划面积远远不够，这样就会直接影响道路建设成果，虽然能够在短时间内完成，但是不久之后就会由于道路规划面积不够而出现全新的问题，这样一来就会影响道路的使用寿命和道路使用质量，致使城市建设与道路规划意义得不到施展。

二、TOD模式简介

TOD模式，是 Transit-oriented development 的简称，即公共交通导向的城市发展，被认为是提高智能化水平、拉动经济发展、转变市场需求与人民出行方式的工具。TOD模式在不同地方的定义与侧重不同，但其共同点在于在城市规划上主要采用道路网格化、功能混合使用、适宜的开发密度、居住区内步行可达及设施开放等方式。作为城市规划的重要部分，道路建设规划中应把土地使用规划和交通规划配合起来，城市的居住和工作的相互关系安排得好，可以避免产生许多不必要的交通。应该把各种不同性质的交通（汽车、公共汽车或无轨电车、自行车、行人等交通）尽可能组成它们各自的交通网，使人们的工作和生活不受到交通的干扰，给予人们以最大的活动自由，这才是城市规划与道路建设的目标。研究表明在某一个区域内的居民，如果住在车站附近，使用公共交通的可能性会增加4到5倍，TOD模式还能够缓解拥堵，节约土地，减少道路建设支出，提高自行车与

行人出行者的安全性。

TOD模式有很多不同的形式，目前在美国有超过100个正在实施的TOD项目，大部分位于地铁、轻轨车站内部或周边，周边的土地利用有政府、商业、学校等多种形式。以美国圣地亚哥湾区为例，通过2000年的普查数据及地理信息系统帮助在建立的统计模型显示，在车展周边提高开发密度，增加土地利用多样性，基于行人的街区设计，同时城市居住密度与街区大小存在明显的交互效应。统计模型建议将目前的居住密度从每4046.86平方米10个居住单元翻倍到20。

通过上文的详细论述，我们能够十分清楚地看出我国在建设国家的过程中，需要时时刻刻关注城市建设与道路建设的情况，在此过程中需要及时地利用最新的技术与理论，不断强化技术应用，优化城市与道路建设，而确保城市建设效果最好的方式就是重视城市规划与道路规划，保证我国越来越多的地区能够建设出符合国情的城市，与此同时还能够符合可持续发展的要求。总而言之，重视城市规划与道路建设规划不仅仅要理论上提高重视，最关键的是落实在实际行动上，从而确保人们日后生活与生产能够得到有效的质量保障。

第三节　生态思想与道路建设发展

20世纪后半叶，随着西方工业化的高速发展，大气污染日益严重，水污染加剧，生物多样性下降，森林锐减，各种生态环境问题日渐凸显，频频发生的环境公害事件威胁着人类的健康。《寂静的春天》一书的出版，也使得人们意识到全球生态安全已危机四伏。此外，能源危机制约着人类的生存和可持续发展，一些重要矿产资源和石油等化石能源也逐步面临枯竭。在此背景下，资源环境问题在国内外理论界受到广泛关注，生态文明的概念应运而生。

生态文明建设是中国特色社会主义必然的奋斗目标，是关系人民福祉、关乎民族未来的大计。基于"可持续城市交通"理念，生态环境的可持续是城市交通可持续性的前提和根本，由此以生态环境保护为目标的"绿色生态道路"应运而生。上海2035规划提出了"建成创新之城、人文之城和生态之城"的目标。道路作为城市的重要设施，其生态化建造与生态城市的建设关系密切。为探究生态的具体含义以及生态与道路建设的关系，本节阐述了生态的释义，总结了我国生态思想和近年来提出的生态设计理念，梳理了我国道路建设技术和理念的发展历程，以期为生态道路的建设提供参考。

一、"生态"释义

"生态"一词源于希腊文"Oikos"，原意为"家"和"住所"。"生态"一般指生物的生存状态，以及生物之间、生物与环境之间的相互关系。现今，以"生态"来定义的范畴越来越广，健康、美好、和谐的事物可用"生态"来修饰，如生态文明、生态城市、生态园区、生态建筑、生态景观等。

我国古代及现代文学中有用到"生态"一词。我国南朝梁简文帝的《筝赋》："丹荑成叶，翠阴如黛。佳人采掇，动容生态。"《东周列国志》第十七回："〔息妫〕目如秋水，脸似桃花，长短适中，举动生态，目中未见其二。"唐朝杜甫的《晓发公安》："邻鸡野哭如昨日，物色生态能几时。"明朝刘基的《解语花·咏柳》："依依旖旎、嫋嫋娟娟，生态真无比。"文中"生态"均为美好、生动之意。

二、生态思想

(一)"天人合一"思想

儒家学派提出了"天人合一"的生态思想，"天人合一"的核心是强调人与自然的统一性，人与天地、自然界的万物不仅是平等的，而且是相融一体的。"天地合而万物生，阴阳接而变化起"讲的就是自然与人类的平等关系。汉代王充认为"一天一地，并生万物，万物之生，俱得一气"，即自然万物和人类在本质上是一致的，在处理人类和自然界的关系上应做到"仁"。

道家学派指出"道生一，一生二，二生三，三生万物"，认为世间万物都来自"道"。由此，万物皆来自于"道"，则从源头看是平等的。"万物并作，吾以观复，夫物芸芸，各复归其根"，其意为：有了和谐的生存环境，才能万物兴旺繁荣，自然和谐循环，永无止境。"人法地，地法天，天法道，道法自然"体现了道家对自然的尊重和热爱。

佛家讲究机缘，认为万物聚合是一种"缘"，是各种条件成熟的结果，因而要珍惜这种缘分。佛家认为"一切都无生，亦无因缘灭"，普罗大众与万物皆无边无际，无始无终。佛家"无情有生，众生平等"的生命观与道家"道生万物，周行不殆"的整体观、"天地与我并生，而万物与我为一"的齐万物境界有异曲同工之妙，只有达到"天地同根，万物一体，法界同融"的状态，人与自然的关系也就达到了和谐统一。

(二)"风水"思想

风水理论中的科学内容是中华民族在几千年历史文化进程中积累的人居住经验，因其朴素的生态和谐观和独一无二的生态美学内涵而受到国内外学者的关注，风水的最终目的是寻求宇宙、地球和人类在纷繁复杂的变化中达到在规律上、能量上、位置上最佳的统一。

风水选择的意识始终贯穿着人类对居住环境的选择和营造。中国古代一直对此重视并有大量的实践研究，主要应用于建筑的朝向、建筑的形式和人居小环境建设上。当代建筑学界在理论层次上还停留在对风水理论的简单借鉴上，比较注重其生态思想和理想景观模式的探讨。

在城市规划方面，风水理论中的山水城市思想在城市规划方面得到了很好的体现。风水理论认为，城市应负阴抱阳，冲气以为和，这一理念的中心是城市选址应背山面水，与时下流行的以建设山水城市为主要取向的城市规划思想一致。另外，由于生态的内涵和山水组合的思想，理想风水空间模式也被视为生态城市的空间结构之一。

三、道路建设发展与生态理念

（一）我国道路建设发展脉络

《古史考》载"黄帝作车，任重道远，少昊时略加牛，禹时奚仲驾马"，说明我国在公元前二千多年前的少昊金天氏时期，就已有车马与道路了。《周语》载"列树以表道，立鄙食以守路"，指出了道路绿化和养路配备问题。《诗经》载"周道如砥，其直如矢"，表明当时道路平整，路线甚直。《周礼》载"匠人营国，国中九经九纬，经涂九轨，环涂七轨，野涂五轨"，说明周朝在道路修建上已注意道路线网和宽度的设计。

战国时期，道路建造技术有所提升。《史高祖本记索隐》载"栈道，阁道也。绝险之处，傍凿山岩，而施版梁为阁"，说明战国时期，开创了一种开辟山路的方法。《汉书贾山传》载"为驰道于天下，东穷燕齐，南临吴楚，江河之山，濒海之观毕至。道广五十步，三丈而树，厚筑其外，隐以金椎，树以青松"，说明秦朝"驰道"通达极广，道路宽且路旁植树，而后的唐、宋、元、明、清，不断发展路网建设，并配备了驿站。

1913年，修筑了长沙至湘潭一段的通行汽车的公路。1921年，孙中山提出百万英里公路建设计划，规定道路分"干路"、"支路"两种。至1949年，我国公路总里程达21万多公里。1951年，在江苏省南部松江至金山卫公路上，铺筑级配石砂试验路。1952年，在北京至十三陵公路上，修筑沥青贯入碎石面层试验路。1954年，在石家庄至德州公路上，铺筑水泥、石灰稳定土沥青面层试验路。自此，采用不同种路面材料的试验路在我国公路建设中铺筑和使用。

1980—1990年，我国开展了大量沥青路面、水泥路面材料强度研究，以及路面结构力学行为的计算与分析，设计上侧重于道路的结构设计，包括路面结构、支挡结构、路基处理、交叉口竖向设计等，以确保路面"不塌"。1990—2000年，设计上侧重于道路的交通分析。2000年以后，设计上开始考虑生态因素和环境保护，如采用生态边坡防护、温拌沥青及透水路面材料等，以实现"环境友好"型施工模式。

我国公路建设绿色理念的实践和探索大致可分三个阶段：第一阶段为2006年以前，以思小高速、渝湛高速粤境段等高速公路为代表，开展了有关生态环保方面的探索；第二阶段为2006—2012年，依托神宜公路、韶山高速、武神公路、长湘高速等公路，开展"资源节约型、环境友好型道路"的实践；第三阶段为2013年至今，绿色公路作为推进绿色交通发展的突破口和引领，在全国范围内进行典型示范工程建设。

2016年，交通运输部印发了《关于实施绿色公路建设的指导意见》，明确了绿色公路建设的指导思想和基本原则，提出了五大措施来保证绿色公路建设的顺利开展。任务涉及资源利用、自然生态保护、科技创新、品质优越和功能多元5个方面。据此，绿色公路可定义为：在公路全寿命周期内，以创新、协调、绿色、开放、共享为发展理念，最大限度地节约资源、保护环境和减少污染，注重智慧化管理与服务品质提升，为人们提供安全、舒适、便捷、美观的公路使用环境，与自然和谐共生的公路。

同年，上海市发布了《上海市街道设计导则》，是我国首个城市级街道设计导则。《上海市街道设计导则》的基本理念是"坚持以人为本，将街道塑造成为安全、绿色、活力、智慧的高品质公共空间，复兴街道生活"。上海作为城市数量最多、最为密集的公共开放空间，《上海市街道设计导则》明确提出，街道从"以车为本"向"以人为本"转变，将人的需求放在第一位，将市政设施、景观环境、沿街建筑、历史风貌等要素进行有机整合，塑造特色街道。在评价上，从"强调交通效能"向"促进街道与街区融合"发展，街道不仅仅具有交通功能，还需要重视其促进街区活力、提升环境品质等综合功能。

（二）生态设计理念

基于全球性生态危机对人类生存和发展的威胁，城市设计与发展呈现"生态化"趋势。以生态问题为中心，产生了研究自然规律和社会规律相互作用的各类交叉科学，如城市生态学、人类生态学、文化生态学、生态伦理学、生态美学、景观生态学等，形成了城市规划、建筑学、风景学与生态学综合的态势。

生态学成为设计思想的重要部分，是设计思想的重大变革。设计师按照生态学思想或生态学原理、按照自然环境存在的原则和规律，设计人类的居住形式和居住环境，拟定所设计事物的蓝图，对城市的社会、经济、技术和生产环境进行全面综合的设计，称为生态城市设计。

生态建筑设计是根据当地的自然生态环境，运用生态学、建筑学及生态技术，合理组织和处理建筑与其他领域相关因素之间的关系，与自然环境形成一个有机整体，实现向自然索取与回报之间的平衡，寻求人、建筑、自然之间的和谐统一。

生态建筑与绿色建筑的辨识：生态建筑反映了建筑发展的宏观层面，将建筑包含的要素融入自然、社会、经济、文化的大循环中，使建筑业与其他方面相互融合渗透，并最终形成类似生命循环的结构；绿色建筑侧重于微观层面的技术和设计方法，强调人与自然的关系，重视绿色植物和其他生物在建筑中的伴生，促进物质和能量合理流动。

（三）生态道路建设内涵

道路建设发展至今已进入"返璞归真"阶段，自满足结构需求以后，便开始探寻最初的生态思想和概念，近年来提出的生态城市、生态建筑理念也体现出这一点。道路作为交通建筑物，置身于生态城市之中，在一定程度上属于生态建筑。由此可知，生态道路应涵盖绿色道路，将道路建设要素与自然、社会、经济、文化相融合。

所谓"生态",不仅具有生态学意义,还具有一定的文学含义。我国自古以来的"天人合一"、"风水"思想均体现出了生态的理念和愿景。近年来的生态设计理念指出,无论是城市规划还是建筑设计均应注重与自然环境的交互作用,贯穿了"天人合一"的思想。我国道路建设发展是一个不断创新和发展的过程,首先解决的是道路耐久性问题,而后将关注点聚焦于道路的生态理念、生态设计,如绿色公路、街道空间等概念的提出与研究发展。

根据本节所梳理的生态思想、理念、设计方法及建设技术发展脉络,所谓生态道路应是指:基于"天人合一"思想,注重环境保护,注重与自然、社会、经济和文化的交互作用,设计建造的自然、美好、可持续道路,也表达了人们对高品质道路交通的愿景。随着道路规划设计理念、施工建造技术的提升,未来必然会设计建造出符合人们对美好生活向往的生态道路。

第四节 基于海绵城市理念的市政道路建设

在剖析区域洪水灾害构成和洪水灾害成因的基础上,分析了不同模式下的城市年径流量去向,探讨了低影响开发和设施配置,明确了海绵城市对路面建设的规划要求,确定了城市的综合径流系数,比对了几种常见透水性铺装材料的性能,结合某市政道路工程案例进行了海绵城市道路建设探究,可为其他城市海绵道路建设提供借鉴。

2016年我国城镇化率为57.35%,标志着我国已经进入城市化的工业大国。城市是人类社会发展的高度集成化表现,是拥有自然属性和社会属性的复合系统,这两方面属性的协调发展才能造就稳定、韧性的城市系统。在城镇化历程中,湖泊、湿地等天然气孔被填埋,水泥、混凝土硬壳迅猛地扩张,约70%的城市降雨形成径流。城市中"逢雨必涝、遇涝则瘫"的状况已是常态。当雨后水潮退去,城市硬壳下的地下水漏斗又宣告水资源的危机。暴雨导致的洪涝和城市普遍的缺水两种状况的对立困扰和影响着我国的城市化进程。

自20世纪90年代以来,我国湖泊面积减少了15%,湿地退化了28%。城市面临着内涝、水资源短缺、水体富营养化等一系列水生态问题。这些现象表明:城市发展历程与自然生态进程的平衡态势间发生了重大偏离。城市建设要从"人改造水"到"人适应水,人水和谐共处"的根本性观念转变。海绵城市立足于我国当前实际的水情特征和水问题,符合了我国当前城市建设的需要。

一、洪水灾害分析

(一)洪水灾害构成

洪水灾害是洪水作用于人类社会的产物,是由于异常天气及水利工事等原因引起了江、河、湖水量的快速上升和水位上涨，突破了河道的约束，给人们的日常生活和生产带来极大的损失。洪水灾害是由承灾体、致灾因子、孕灾环境等组成的复杂大系统，城市洪水灾害可归结为地理位置、水文条件破坏、城市地表固化、下水道不足、城市小气候变化和其他因素等方面。洪水灾害的致灾因子通常是台风、暴雨等恶劣天气；孕灾环境包括地形地理、河流网络、植被土壤等；承灾体主要是：人、建筑物、农业、经济、环境等。洪水灾害所造成的损失，不仅与洪水强度有关，而且与承灾体密切相关。

（二）洪水灾害成因分析

洪水是浙江发生最频繁、损失最严重的自然灾害，造成的损失居各类灾害损失之首。降雨是洪水致灾的主要因素，浙江年降水量为1 600 mm～1 800 mm，是全国年降水量最大的地区之一，历年降水量情况见表1，降雨强度越大、历时越长、范围越广，越容易形成特大洪水。浙江的经济发展快，人口密度大，一旦发生洪水灾害就会遭受巨大的损失。

浙江省每年5月—9月的降水量占到全年的60.61%。省会杭州年均降水量1 540 mm，5月—9月的降水量占到全年降水量的58.28%，强的夏季降水量是导致城市洪涝灾害的直接原因。如此大的降水量直接影响着城市的排水组织和设计，年径流总量的去向是研究路面排水时不可回避的问题。

（三）城市年径流量去向

城市年径流量去向有两个组织模式：传统排水组织模式和海绵城市排水组织模式。这两种组织模式下的年径流总量去。传统城市排水模式下，年平均径流量的去向有三个途径：水分蒸发、排入城市管网和渗入地下，其中年平均径流量的70%以上从城市各级管网排走。海绵城市设计中年径流量的30%排入管网，绝大部分降水量通过"下渗入地"和"收集贮备"方式来有效减排并加以利用。雨水下渗主要设施有：地面透水铺装、下沉式绿地、生物滞留带等；雨水收集贮备则可通过蓄水池、雨水罐、湿塘、雨水湿地等设施来实现。

在洪水灾害发生前后，采取适宜、有力的措施，就会减轻洪水灾害可能造成的损失。低影响开发思想认为雨水是"资源"而不是造成麻烦的"废物"。海绵城市创建对年降雨量大于800 mm的城市排水防涝效果明显。海绵城市建设中通过有效组织径流量的合理去向，进行雨水的合理调蓄、切实减少雨水径流污染等，逐步改善水环境和水生态，保障城市发展与自然生态的和谐共存，使城市复合生态系统的水文功能趋于动态平衡，最终解决城市内涝问题。

二、海绵城市建设

内涝是我国60%以上城市必须面临的常态化问题。城市传统排洪涝的规划理念是将雨水"快速排除"和在"末端集中"，却忽视了城市整体水文过程的系统性，将上游洪水的破坏力快速、强化、放大地转移给下游地区，引发了"水"与"土"分离，"地表水"与"地下水"分离等环境问题。海绵城市建设指城市能做到在下雨时吸（蓄）水、渗（净）水，在城市需要时又能释水。海绵城市这种在下雨时吸收并积蓄雨水，在需要时放出和利用水的新型排水防涝思想，给出了解决城市水生态循环的新思路和途径。

海绵城市在适应环境变化和应对雨水带来的灾害等方面具有良好的弹（韧）性。城市建设运用建筑物、绿化用地、城市广场、交通道路、水系等基础设施为载体，利用渗透、滞留、蓄存、净化、回用、外排等多种生态化技术和手段，实现径流雨水控制目标，恢复城市良性的自然水文循环，基于源头的低影响开发和低影响开发设施是海绵城市建设的核心内容。

（一）低影响开发系统

低影响开发是按照对城市生态环境影响最低的建设理念来进行开发、规划、建设、协调和管控。在此过程中，通过城市雨水径流源头控制机制和设计处理技术，有效控制雨水所带来的径流量，维持开发前后城市的自然水文循环状态和水文特征基本不变。低影响开发主要指建构和优化城市水系，有效发挥城市自然水体的调节作用；规划改造城市建设模块，通过雨水调蓄系统保留和积存雨水等。低影响开发理念对城市规划和管理产生了根本性的影响，实现人和自然和谐共处，系统、可持续地解决城市水问题及水生态修复问题。

（二）低影响开发设施

低影响开发设施是低影响开发中"滞、蓄、渗、净、用、排"六维一体的综合排水工程设施的总称，包括：透水铺装、人工湿地、生物滞留设施、渗井、下沉式绿地、植草沟、植被缓冲带等。

三、海绵城市道路建设

传统市政模式认为，雨水排得越多、越快、越通畅越好，传统排水模式没有考虑水的循环利用，加大了城市干旱和洪涝灾害的概率。海绵城市规划设计统筹考虑城市建设中的内涝防治、雨水资源化和水生态修复等问题。

（一）海绵城市道路中技术设施

透水砖、透水混凝土、鹅卵石等是常见的透水路面铺装形式。透水砖和透水混凝土铺装常用于人行道和非机动车道的铺装，透水沥青混凝土铺装可用于机动车道。透水路面铺状可补充地下水，削减峰值流量，并能初步净化雨水。道路路面铺装有半渗透性铺装和全渗透性铺装两种方式。路面构造层次为面层、基层、垫层和土基。通过改变水的表面张力，全透式路面面层把雨水吸收到透水砖内。透水性良好的基层主要起下渗作用。垫层不但排水，还能防止因毛细现象的水体上升，以保障路面的整体稳定性。土基则能保存地下水，解决地基沉降并满足植物水分补给问题。

植草沟在收集、输送、排放径流雨水方面具有一定的作用。植草沟建设及维护费用低，与景观结合性好，但易受场地条件制约，种植植草沟的场地要求为：边坡坡度宜在1∶3内，纵坡坡度宜在4%以内。

生物滞留设施常用于道路周边绿化，一般是在地势较低的区域，通过植物、土壤和微生物系统对雨水进行"蓄"、"渗"、"净"的设施。常见的设施有：雨水花园、生物滞留带、生态树池等。

（二）城市径流系数

杭州位于杭嘉湖平原地带，区域内水网纵横、水域面积大，属于天然的海绵城市，但随着几年来人口的聚集和经济的腾飞，城市内的不透水区域快速攀升。后天的人力改变了整个区域内汇水的天然布局，造成径流系数的快速加大。

透水砖面层的透水性能远远优于传统的混凝土和沥青路面，透水砖路面雨水的下渗率约为混凝土路面的6～7倍。根据杭州市城市规划管理技术规定：12～18层高层建筑的建筑密度≤24%，容积率≤3.0。新建住宅小区绿化率为30%～40%，建筑密度20%～30%，道路广场占地比重30%以上。如果能全部在广场、停车场、人行道铺设透水砖，保证径流量水平不大于小区未开发前的径流状态，就可以极大地减少城市快速、大规模建设中的洪涝灾害所带来的社会压力。通过保证住宅小区内的绿化率、限制建筑密度比、增加透水地面比率等途径提高区域内路面的排水排涝能力。

2014杭州年降水总量均值1 663.28 mm，地表水资源量161.31亿 m^3，径流深为965 mm，地表水资源量占浙江省地表水资源量的14.4%。综合杭州2014年平均降雨量、径流系数等数据后，按照占地面积为10 000 m^2计算得出年降雨量（m^3/a），不同材质路面年雨水下渗量（m^3/a）。

综合考虑城区功能划分、人口密集程度等因素后，杭州综合径流系数为0.6～0.8。实地抽样调研结果表明：城市化程度高的区域，其径流系数就大，两者间的变化趋势趋向于一致。

（三）透水性铺装材料

透水性铺装材料具有良好的透水性、透气性，高孔隙率等优点。采用透水性铺装材料进行路面、广场、人行道的铺贴能有效减轻城市排水防涝系统的压力。下雨天时，雨水通过路面透水铺装快速下渗到土基并被贮备在土壤中，大大减少路面径流；天气放晴时，渗入透水地面下的水分蒸发入大气中，有效补充空气湿度、改善地面植物生存条件，减缓城市热岛现象的出现。由于其所带来的优良生态环境，透水性路面被形象地誉为"会呼吸"的路面。

目前常见的透水性铺装材料有：混凝土透水砖、砂透水砖、陶瓷透水砖等。混凝土透水砖是将砂、石用胶凝材料或黏结剂搅拌混合后压制、养护而成；陶瓷透水砖以煤矸石、废瓷砖、石英、高岭土等工业废渣和建筑垃圾为主制作而成。这种发展理念既重复利用了材料，减轻了环境污染，又提高了经济效益，保护了整体的生态环境。

不同材质透水砖有不同的性能指标。影响透水砖选择的主要因素是透水系数和透水持久性。砂基透水砖在透水系数和透水持久性中优势明显，透水性路面可以降低地面70%~80%的径流量，可降低排水系统建设成本的60%。

（四）工程案例

某市政道路全长28.9 km，为东西走向。道路标准断面宽度为24 m，道路横坡2%。道路所在地区年降水量1 712 mm。

在满足路面载重要求、减缓内涝和水灾、生态性和经济性好等业主要求前提下，项目按照以绿色生态功能为导向，考虑低影响开发控制性指标，实现实用性和观赏性并重的原则进行设计。该道路设置12 m宽机动车道（沥青混凝土路面），两侧各3 m宽绿化带，3 m宽非机动车道（人行道）。道路总面积为63.58万 m²。绿化带和人行道承担着路面雨水的调蓄作用。人行道为透水面砖铺装，雨水可快速渗入基层和土壤层中。绿化带中设置LID树池，树木四周满铺草皮（设置1.5%坡度）和碎石缓冲带，有效提高绿化带对雨水的下渗量，减少水土流失，也赋予了道路丰富的立面效果。

根据本地的年均降雨量，得到年径流总量控制率所对应的设计降雨量。随后计算出道路降雨总量，接下来运用加权平均法计算得到综合雨量径流系数。本例计算得到综合雨量径流系数为0.509，其中绿地、机动车道、人行道径流系数分别取0.160、0.890和0.240。

进行道路海面城市低影响雨水系统设计出的道路标准断面。人行道铺装构造层次为：① 200 mm × 200 mm × 60 mm 透水砖面层；② 20 mm 中砂找平层；③ 180 mm 无砂透水混凝土基层；④ 120 mm 级配碎石垫层；⑤ 土基夯实平整。

依据构造层次的不同，人行道透水砖铺设综合单价为150元/m²~180元/m²，其中：无砂透水混凝土基层：50元/m²~60元/m²；级配碎石垫层：12元/m²~18元/m²；透水砖及找平层：80元/m²~120元/m²。本例中透水砖铺设综合单价为155.82元/m²。透水砖铺设综合单价约为普通人行道地砖铺设单价的1.2倍~1.4倍。虽然在建设期透水砖路面的前期投入比传统路面大，但综合考虑路面的生态效益和寿命期内的整体建设效益，透水砖路面整体优势明显。

随着城市化和国民经济的快速发展，城市需要生态的、稳定的、可持续发展的方法来保持和恢复水生态系统的健康。在不增加末端基础设施的前提下，打造一个表面布满吸水孔洞的海绵城市，保证在降水期间雨水被饱满吸收并排入水体，在需要时释放和利用水，这种思路是解决洪涝灾害和城市缺水两种状况并存的最好办法。通过分析城市年径流量去向及探讨低影响开发，结合某市政道路工程案例进行了海绵城市道路建设中路面建设的规划要求、城市综合径流系数、透水性铺装等问题的探究。

第五节　城市道路建设与环境保护

近年来，我国道路建设突飞猛进，给人民生活带来了快捷与便利。但就道路建设而言，因其线长面广，破坏范围大，过去环保意识不强，在修建道路时对生态环境、人文景观、地形地貌等造成了很大的破坏。

现今国家建设主管部门在环境保护设计规划中，提出道路工程设计必须做到经济效益、社会效益与环境效益相统一，并且在遵守国家《建设项目环境保护设计规定》前提下，根据《城市道路设计规范》、《城镇道路养护技术规范》进行设计，必须符合上述新概念的，简言之，这就是"天人合一"的概念。

一、从道路设计与施工阶段充分考虑环境保护

（1）在可行性研究阶段，就得对道路沿线环境影响进行评估。

（2）在初步设计阶段，应按环境保护的评估意见拟定环境总体设计方案，并进行论证。设计人员从选线到设计的全过程，都要把环境保护设计和工程方案一齐抓，使线路尽可能避开环境敏感点（如文物古迹、水源头及野生动物保护区等），力求采用环保新技术和新材料，把道路工程与自然环境融为一体。道路定线不能只单纯地视其为一个几何图形，而应视其为一个美学实体。一般来说，人们对周围环境的感受，在心理上会产生明显的反应，如桥梁的形状、水的流动、树林的分布，以及急弯陡坡、垃圾坟场等都会引起司乘人员心情的愉悦或烦躁。因此设计人员在看重主体工程设计的同时，不能忽视对周围环境的设计。

（3）在施工图纸设计阶段，须根据审定意见，做出环境工程设计。

（4）在施工阶段，要严格按照设计图纸施工，随时研究如何减少对环境的不良影响，并加以纠正。

（5）在运营阶段，应对未能完全避免的交通噪声、行车尾气等进行适当的综合治理。如荷兰的阿姆斯特丹环城高速路靠近城镇居民一侧全部采用隔音板防护，有效地减少了噪声污染。

实行以上所述为准绳的道路设计，必然会建成与自然环境融为一体的道路，收到"天人合一"的效果，这就是现在所提倡的道路设计新概念。

二、从市区、市郊和乡村三方面来阐述道路建设的环保措施

（一）市区

市政道路的绝大部分路段是在市区范围，市区内人口密集，车流拥挤，平面交叉及

立体交叉道口众多，噪音、尾气污染严重，以上种种都给道路建设与环境保护带来严重和复杂的问题。解决的方法也是多种多样的，如在城市中心地带平交较多处，做好渠化设计，使车流通畅，避免堵塞；对交通噪声、尾气污染，无法利用自然条件防治的，可以建造声屏障或栽植行道树以减少噪声和污染。要想从根本上解决这些问题，最好是将路线避开敏感点，或采取工程措施，如在园林道路两侧种满爬山虎等绿色植物，一方面使两侧建筑免遭交通噪声、行车振动、空气污染影响，另一方面也保护了道路两边成为护墙，它们把来往车辆所产生的噪声、振动和尾气基本控制在标准范围内，效果良好。其他如保存重要的历史文物、宝塔、石刻、名人故居、名胜景点等，也是必须考虑的，因为不仅要使人烟稠密的居民有健康安全的住所，还要有文化和美观的环境，这是一个系统工程。道路设计人员要随时向建筑、交通、文物、艺术工作者咨询，才能较好地达到上述要求。

（二）市郊

市郊的人口逐渐在减少，郊区道路面积却不断增大，由此引起的生态变化，破坏自然景观，以及其他妨碍出行等问题市政道路部门应提前与有关部门联系，预作规划。另外，对环城道路或连接市区出入口道路的线形，应注意平纵曲线的组合设计，使汽车能匀速行驶，减少事故，同时也要对汽车噪声、空气污染提出防治措施。

（三）乡村

乡村的特征是：土地面积大、人口密度低，气候、地形、水土、地质、生物的差异较大，道路相比与其他运输体系分散。在这个地区修建道路遇到的问题是：土方工程对农业资源、自然景观的影响，如路线分割耕地、危害植物生长，石方爆破会造成水土流失，边坡失稳，所以道路选线应全面考虑其两侧的社会自然环境，合理保护土地资源，避免不利的地质条件及对名胜古迹的危害。为了满足沿线人民出行及田间耕作的需要，还应设置足够数量的跨线桥、通道。另外，还要根据当地气候特点设计挡土墙、边沟、截水沟，尽可能采用植物防护，这样既可防止水土流失，也有利于自然景观。

在此还需要提出的是：如果遇到路线两侧200m范围内有自然保护区、水源区、森林草原、湿地、野生动物栖息地等，原则上是将路线绕避这些生态环境，如果实在难以绕避，就需提出专项保护方案。

三、道路美学

这是对道路建设与环境保护同时进行所提出的更高要求，如国外的一些高等级道路在建设时把砌筑的双梁护栏隐藏在绿树丛中，这就是工程与美学的结合。一条道路建成后，车辆司乘人员及沿线居民的要求是不尽相同的，前者关心的是路面宽阔平坦，行车速度快，其次才是环境美观；而后者关心的则往往与前者相反。道路设计者为了使汽车能高速行驶，必然考虑采用半径大的平曲线和竖曲线，因此不仅要移去重要地段附近的障碍，甚至还要改变某些地面的自然地貌，因而便破坏了原有自然景观。要减少这些破坏，则要减小平曲线半径，避开风景名胜区，但也因此降低了行车速度；采用小半径的曲线愈多，路上发生撞车的可能性也愈大，这是司机所不希望的。如何解决上述的矛盾，必须做好环境效果分析，或采取空中摄影定线，尽可能多保存风景名胜，将路线绕道或打隧洞通过。如镇江市南徐大道穿越南山风景区的观音山隧道便是一例。

为了使道路沿线美观，还应考虑道路用地宽度问题，它应包括路面本身宽度，两侧的排水设施，公用设施及停车场地等。因此现实生活中，这一地带如何美化也是一个重要问题。

总之，道路美学目前已成为道路设计的重要方面，道路的线形、构造物等必须与周围环境相协调，必须与大自然景观融为一体，如上文所述不能把道路仅仅视为一个静态图形，而应看成是用土、石、沥青、混凝土、灌木、树林等建成的美学实体，当汽车行驶、转向、变向、爬山、下山、过河时，都能给乘车者一种动态的感觉，因为只有以这种状态进行道路设计，才能全方位取得令人满意的效果。

道路建设是国民经济发展的纽带，做好全局规划，可以从根本上避免先有危害后治理的情况发生。因此，保护生态、自然、人文环境，栽植树木、扩大绿化、保持水土，降低污染，以及改善景观，都是十分重要的问题。为此本节在这里提出道路建设与环境保护同步进行的道路设计和施工方法。

道路建设与环境保护工作涉及面广，随着人民生活水平的提高，将对环境有更高的要求和标准，如何通过科学管理、技术进步，对道路建设过程中的环境保护进行周密设计、精心施工、严格验收、加强维护，完善和提高环保工作是值得深入研究的课题。

第六节 道路建设与水土保持方案

依据国家相关法规及道路建设的发展趋势，强调道路建设必须重视水土保持，并依法编制水土保持方案。水土流失防治范围包括道路建设区、直接影响区和预防保护区；水土保持主要内容为：水土流失防治目标，防治重点及对策。本节结合工程实例，简要设计道路水土保持防护体系。

一、道路建设与水土保持概述

道路建设中的路堑开挖，路堤回填及防护工程基础开挖，管道基坑开挖、回填等施工将会破坏现状地表植被，使地表裸露，在地表径流的冲刷下易产生水土流失，淤积下游市政管网、河道及水库，严重危害道路沿线生态环境，破环城市景观。因此，防治水土流失，重视水土保持非常重要。通过编制水保方案，可以科学的预测道路建设所产生的水土流失及其危害，提出合理解决的水土流失防治技术和措施，有效控制和减少因道路建设而产生的水土流失，保护水土资源。

二、重视水土保持的必要性

（1）我国是一个多山的国家，大多地区生态环境脆弱，道路建设与运营中，对沿线一定范围内的生态环境影响较为明显。比如：路基开挖或堆填，会改变局部地貌，在地质脆弱地带易引起崩塌、滑坡等地质灾害。因此，道路建设必须重视水土保持。

（2）道路是国家基础设施建设的重点。为促进区域经济平衡、协调、快速发展，必须大力发展道路建设，然而道路建设活动越频繁，造成的水土流失面积就越大、越严重，对生态环境的破坏就越明显，引发的地质灾害就越严重。因此，道路建设应注重水土保持，以促进基础建设的可持续发展。

三、道路建设的水土保持方案

（一）法律依据

《水保法》规定："在山区、丘陵区、风沙区修建铁路、公路和水工程，……在建设项目环境影响报告中，必须有水行政主管部门同意的水土保持方案"。"建设项目中的水土保持设施，必须与主体工程同时设计，同时施工，同时投产使用"。

（二）水土保持方案防治范围

合理划定道路建设水土保持方案的防治范围，对保证道路的安全施工、运营及保护沿线生态环境具有重要意义。根据项目建设特点、可能造成的水土流失情况、水土流失防治责任及其目标，水保方案的防治范围包括：

1. 道路建设区

指道路主体及配套设施建设征地、占地、使用及管辖的区域。包括工程基建开挖区、边坡防治区、采石取土开挖区、工程扰动的地表及堆积弃土石渣的场地等。该区是引起人为水土流失及风蚀沙质荒漠化的主要物质来源。

2. 直接影响区

指道路建设中直接影响和可能对建设区以外造成水土流失危害或灾害的地区。包括地表松散物、沟坡及弃土石渣在暴雨径流、洪水、风力作用下可能危及的范围，可能导致崩塌、滑坡、泥石流等灾害的地段。

3. 预防保护区

指道路直接影响区以外，可能对施工或道路营运构成严重威胁的主要分布区。如威胁道路的流动沙丘、危险河段等的所在地。

(三) 水土保持方案的主要内容

1. 水土保持方案防治目标

（1）人为新增水土流失得到基本控制。全面控制道路建设中可能造成的新的水土流失，防治责任范围的水土流失治理度达到100%。

（2）原有地面水土流失应得到有效治理。土地生产力得到有效的恢复和重建，扰动土地治理率达到95%以上。

（3）项目区林草植被得到有效恢复和重建，植被恢复系数达到95%以上，可绿化区域林草植被覆盖率达到95%以上。

（4）保障道路运行安全。沿线生态环境和行车条件明显改善。

（5）水土流失拦渣率达到95%以上。

（6）土地裸露期要求不超过3个月。

（7）方案实施为沿线地区实现可持续发展创造有利条件。

2. 水土保持方案的防治重点及措施

防治人为新增水土流失及土地沙质荒漠化为方案的防治重点。总的防治对策为：控制影响道路施工与运营的洪水、风口动力源；固定施工区的物质源，实现新增水土流失和自然水土流失二者兼治。

（1）道路建设区为重点设防，重点监督区。工程基建开挖和采石取土场开挖，应尽量减少破坏植被。废弃土石渣不许向河道、水库、行洪滩地或农田倾倒，应选择适宜地方作为固定弃渣场，并布设拦渣、护渣和导流设施；对崩塌、滑坡多发区的高陡边坡，要采用消坡分级、砌护、导流等措施进行边坡治理；施工中被破坏、扰动的地面，应逐步恢复植被或复垦。道路沿线还应布设必要的绿化，起到美化和生物防护功能。

（2）直接影响区为重点治理区。在道路沿线，根据需要布设护路、护河（湖）、护田，护村（镇）等工程防护措施，还应造林种草，修建梯地、坝地，达到保护土地资源、减少水土流失，提高防洪、防风沙能力，减少向大江大河输送泥沙。

（3）以预防保护区控制原来地面水土流失及风蚀沙化为主，开展综合治理。

(四) 水土保持防护体系设计

根据各水土流失防治类型区的水土流失特点、防治责任和目标，遵循预防与治理相结合、植物与工程措施相结合、治理水土流失与绿化美化、恢复生态环境相结合的原则，统筹布局各类水土保持措施，形成完整的水土流失防治体系。

工程实例（深圳市坂澜大道市政工程水土保持方案）：

坂澜大道位于深圳西北部，跨越宝安、龙岗两区，道路南起贝尔路交叉口，途经稼先路、环城北路、中浩一路、坂李大道，跨越机荷高速公路，北至环观南路。主线全长6.5km，沿线共设置高架桥3座，分别为机荷跨线桥、樟坑径水库高架桥和环观南路高架桥，桥梁总长约1.2km。道路红线宽50~70m，设计速度50km/h，桥梁设计荷载城-A级，沥青混凝土路面，双向六车道城市主干路标准设计。

主要工程量：挖方量为292.58万m^3，填方量为197.38万m^3。弃土95.2万m^3。

项目区属构造剥蚀丘陵、丘前盆地及沟谷河流地貌。区内土壤和植被类型受人为因素影响较小，多为原生土壤和植被类型；道路经过区域土壤类型以花岗岩赤红壤为主，部分路段为花岗岩风化物和残积土，残积土厚度较大，有球形风化物；项目区水系为观澜河水系，无大的河流。

道路全长6.5km，进入基本生态控制线约4.13km，穿过区多为林区，项目立项前已由甲方向社会公示。主体设计已采取措施减小对沿线生态的破坏，主要措施有：进行多线位比选，减少大填大挖，避让工程不良地质地段；隧道和高边坡方案比选；高边坡防护措施得力，采用生态边坡，避免道路运行中产生边坡病害；路面和边坡雨水分别排放，避免污染水源；线路经过水库范围设置防坠落拦阻装置，相关排水设施考虑车辆翻滚后的污染防治措施等。

项目区现状整体水土流失较轻，区内多为建成片区及林地，地面多已硬化或有植被覆盖，人为扰动较少，水土流失不明显。

道路的建设将不可避免地造成一定量的水土流失。根据水土流失分析预测，道路施工对道路建设区原地貌、植被造成扰动面积总计约99.64hm^2，施工期新增加水土流失量约19208.71T。如不加以有效的防治，任其发展，水土流失程度将进一步加剧，将严重破坏周边生态环境，对周边居民、道路造成影响，导致沿线生态环境恶化，造成一系列严重危害。

针对该情况，水保方案治理的重点将放在道路边坡防护、施工临时措施与弃土场防护上。

我国水土资源总量丰富，但后备水土资源不足，因此，道路建设必须重视水土保持设计，保护水土资源。

第七节　BIM技术与城市道路建设

近些年来，随科学技术的不断进步及发展，BIM技术兴起并得以快速的推广应用。BIM技术作为一种新兴技术在城市道路设计中应用，能够明显加快城市道路设计工作的效率，同时也能够最大化的提高城市道路设计的质量及效果，从而保证城市道路高效优质的建设。由此可见，深入研究 BIM 技术对城市道路行业发展有着深远的意义。

一、BIM 技术的概念

BIM 技术起源于国外的一种建筑信息模型，可以实现三维处理相关的建筑信息及数据。BIM 技术最早引入国内时，主要是应用于城市建筑行业，发展至今，在国内的房建、水利及道路等各个工程建设行业有着很为广泛的应用，同时，BIM 技术的实际应用中也表现出了非常多的优势，既有效确保了相关工作的效率及效果，也有效提高了工程建设行业的技术水平。

二、BIM 技术的特点

（一）可视化

BIM 技术的可视化功能对城市道路设计工作而言有着深远的意义。因为传统基于二维技术的城市道路设计是无法实现可视化功能，这样也就很难清楚、直观的表达出城市道路设计的实际意图，而且设计工作的复杂性及烦琐性也比较大。而 BIM 技术的有效应用，则可以使城市道路设计以三维数字模型的方式呈现出来，既增强了城市道路设计的直观性，也丰富了城市道路建设的可视化思路，更为重要的是，城市道路设计人员可以在 BIM 模型中输入相应的数据及资料就可以完成复杂的设计工作，这也有效降低了城市道路设计工作的复杂性及烦琐性。另外，在城市道路设计中应用 BIM 技术可以增强各构件间的稳定关系，使得设计全过程实现可视化。

（二）协调性

城市道路的业主方、设计方及施工方之间关系及工作的协调性好坏对城市道路建设质量有着决定性影响。在城市道路的实际建设中，业主方、设计方及施工方在需求上存在差异，所以在实际建设中也会出现不同的想法，这就是导致城市道路中断暂停施工、变更设计的一个重要原因。因此，也会对城市道路施工的进度及成本产生不利影响，进而影响业主方、设计方及施工方三者的共同利益。而运用 BIM 技术则可以真实的模拟城市道路施工的全过程，以便提前找出现实施工中的潜在问题，并集合业主方、设计方及施工方进行商榷，共同制定出行之有效的解决方案，预防因意见分歧而影响城市道路的进度及成本，提高城市道路施工的效益。

三、BIM技术在城市道路建设中的实际应用

(一) 在地形图处理中的应用

在地形图处理中应用BIM技术，可以使工程勘察企业根据地形勘察结果出具三维地形图，相对于传统二维地形图的把地形的实际高程设计为零，再利用数字标注出真实的高度而言，三维地形图里的高程值就是实际的地形高程点的高度值，且三维地形图的制作也很方便，通常五步就可以完成：①打开图层管理器，反向选择除高程点以外的其他图层并冻结；②将附属于曲面菜单下的创建曲面打开，创建曲面对话框，然后便是使用适当的名称、图层和曲面的类型；③将附属于工具空间中的曲面树形菜单打开，随后打开定义工具栏，把鼠标对准图形对象并单击右键，选择添加，之后便会弹出一个对话框，在对话框中单击选择块；④用框选的方式选择好所有的高程点，点回车键；⑤完成曲面创建。

(二) 在道路纵断面设计中的应用

BIM技术在城市道路纵断面设计中应用，需要提前做好原地画线文件制作及原地画线工作，再基于原地画线工作情况来对拉坡线进行绘制，同时，也要注意依据设计的标准及要求来合理调整及优化拉坡线。做完这些工作后，再存储好拉坡线，并设成竖曲线设计文件，把该文件、竖曲线文件和原地面线文件综合起来，就能得到所需的纵断面设计图。

(三) 在道路横断面设计中的应用

城市道路横断面设计中应用BIM技术，可以通过以下4步完成设计工作：①依据道路实际选择创建所需的装配命令；②把具体的装配名称输入系统内并确认；③在任意的地方点击鼠标，插入中间有圆形标记的竖线，这便是装配图中的基准线；④做完上述道路横断面图的基本设计后，可结合城市道路的现实需求来增加其他的装配图。同时也要要注意及时调换和优化设计过程中不合适的装配图及数据。

(四) 在道路中心线绘制中的应用

中心线作为城市道路设计中至关重要的部分，在实际设计工作中，必须要结合各方面因素做好充分、全面的考虑再实施设计，这样才能最大化的提高城市道路中心线位绘制的合适性及准确性。利用BIM技术绘制中心线的具体操作过程主要分为以下三步：①结合三维地形图充分分析城市道路的规划及设计情况，再选择合适的中心线插入到城市道路三维地形图内；②规划中心线的转移工作，在三维地形图之中进行中心线的转换，把城市道路中心线段转化成为多段线。③需要在路段菜单下选中创建路，接下来便选中市政路中心线，紧接着会弹出一个对话框，我们需要在所弹出的对话框之中输入所绘制的线路的名称，这样便完成了道路中心线的绘制。

综上，在城市道路及相关科技不断发展的背景下，传统的城市道路设计工作中暴露的问题越来越凸显，越来越难以适应城市道路的现代发展要求，而在城市道路中引入BIM技术则有效的弥补了城市道路设计中的不足，并表现出了诸多优势。因此，相关人员必须要加深BIM技术与城市道路设计及施工技术的融合研究，促使BIM技术可以充分发挥其技术优势，提高城市道路设计的技术水平，同时，也要注意针对技术人员开展有关BIM技术的专业培训，使得城市道路技术人员有效掌握BIM技术，确保BIM技术在城市道路中实现更深层次的应用，最终推动城市道路实现长远的可持续性发展。

第二章 桥梁工程

第一节 桥梁工程测量技术现状及发展方向

随我国社会经济的快速发展,促进桥梁行业的发展速度也在不断提高,同时桥梁工程施工的数量也在逐渐增加。但桥梁工程在实际施工的过程中,测量施工技术与整体工程施工质量之间具有密切的联系,所以,在这样的情况下,就需要相关部门和工作人员提高对桥梁工程施工测量技术的重视程度,确保测量技术能够充分发挥其自身的作用和价值,从而为桥梁工程施工的开展奠定一个坚实的基础。因此,本节主要针对桥梁工程施工测量技术的发展现状和发展方向进行分析,并提出科学合理的建议。

我国当前科学技术的发展水平在不断提高,逐渐出现了一些先进化的测量技术,并且也在桥梁工程施工中得到了推广和运用,能够充分发挥其自身的作用和价值,还能够满足当前时代发展的需求和标准,确保桥梁行业能够逐渐趋向智能化和自动化的方向发展。但依照相关调查数据显示,大部分桥梁工程在实际运用测量技术的过程中,还是会存在一些不合理的问题,这样就会对整体工程施工的开展造成影响,严重的情况下,还会导致桥梁工程施工质量得不到保障。所以,这就需要施工企业提高对其的重视程度,并对测量技术的未来发展方向进行分析,从而避免对桥梁行业的发展造成影响。

一、现阶段工程测量技术的发展现状

(一)地面测量仪器的发展

依照相关调查数据显示,各个时期国家对于测量仪器和测绘技术的研究工作都非常重视,促进现阶段逐渐出现一些先进化的地面测量设备的应用,而在实际运用的情况下,不仅能够为工作人员创造一个良好的工作环境,还能够提高工程测量数据的准确性和可靠性,从而保证能够满足现阶段时代发展的需求和标准。而桥梁工程在实际施工的过程中,对于一些比较困难的测量位置来说,如果采取传统的测量技术,只是能够通过单一的人工测量方式,对其进行测量,这样不仅会对工作人员自身的生命和财产安全造成威胁,还会导致

测量数据出现不准确的问题。但在这样的情况下，如果能够运用先进化的测量技术，不仅能够保证工作人员自身的生命安全，还能够提高测量数据的准确性。由此可见，传统测量技术对于一些隐蔽的位置不能够对其进行测量，导致数据出现不准确的问题，而运用先进化测量技术的情况下，就能够避免施工现场出现不合理的问题，从而为桥梁工程施工的开展提供帮助。

（二）GPS 定位技术的运用

我国当前大部分行业在实际发展的过程中，普遍都会运用 GPS 技术，能够充分发挥其自身的作用和价值，同时也促进各个行业的快速发展。而在实际运用 GPS 技术的情况下，能够显示非常准确的位置信息，还能够实现自动化测量距离的目标，整体操作流程也非常简单。但依照相关调查数据显示，我国在引进 GPS 技术后，充分发挥其自身的作用和价值，从而保障能够满足测量工作的需求和标准。

（三）数字化测量技术的运用

桥梁工程在实际开展测量工作的过程中，大比例尺测图工作在其中占据较重要的位置，其自身具备复杂性的特点，包含多个方面的内容，这样就会导致相关数据的准确性不能够满足施工中的需求和标准，而对于传统测量技术来说，主要是通过人工的方式对其进行测量，而在这样的情况下，经常会遭受到外界环境因素的影响，导致测量数据存在不准确的问题和现象。而如果能够运用现阶段数字化测绘技术，就能够避免多个方面的问题，还能够促进测量工作趋向数字化和信息化的方向发展。另外，传统比例测图技术需要专业化的工作人员长期在室外对数据进行测量和分析，这样就会导致数据存在单一性的特点，也不能够实现大批量生产的目标，数据准确性也较低，从而导致测量数据不能够满足当前时代发展的需求和标准。但随我国当前科学技术的快速发展，开展测量工作的情况下，都在不断运用先进化的测量技术，通过这样的方式，就能够集中将数据对其进行分析，并且能够自动化将数据进行汇总，这样不仅能够满足工作人员工作的需求，还能够提高工作的效果，并节约测量工作的成本，从而保障能够为社会经济的发展奠定一个坚实的基础。

（四）摄影绘图技术的运用

对于摄影绘图技术来说，对于工程测量工作的开展具有重要作用和意义，在实际运用的过程中，不仅能够减少测量工作的难度和工作量，还能够提高测量工作的效率，能够充分发挥其自身的作用和价值，还能够满足行业发展的需求和标准。但桥梁工程在实际开展测量工作的情况下，如果能够将设备绘图技术与计算机技术进行融合，就能够通过计算机技术形成三维立体空间图形，从而保证能够为桥梁工程测量工作提供科学合理的数据。另外，在运用摄影绘图技术的情况下，能够获取精确度较高的数据和资料，具备多个方面的优势和特点，还能够降低一些难度较高测量工作的难度，从而保障能够满足时代发展的需求和标准。

二、工程测量技术的未来发展状况

工程测量技术与各个行业的发展之间具有密切的联系，所以，这就需要相关部门和工作人员重视对测量技术的运用状况和发展的程度。而桥梁工程在实际开展测量工作的过程中，必须要对测量和设备自身信息处理能力进行高度重视，并对其进行检测，确保各个方面的处理性能都能够满足相关规定和标准，保证满足桥梁工程施工中的需求和标准。而对于工程测量技术来说，必须要保证能够趋向多元化的方向发展，并积极与一些先进化的理念与原则进行结合，确保能够加强工程测量技术的水平，从而保障能够为测量工作的开展奠定一个坚实的基础。但依照相关调查数据显示，我国当前大部分桥梁工程在实际施工的过程中，逐渐提高对工程测量技术的需求和标准，而现阶段科学技术的发展水平在不断提高，各个行业也都逐渐趋向自动化和科技化的方向发展，所以，在这样的情况下，就需要相关部门和工作人员提高对其的重视程度，并采取科学合理的优化措施，保证能够加强工程测量技术的水平，避免传统测量技术运用中出现不合理的问题，从而保障能够满足桥梁工程测量工作中的需求和标准。另外，在实际运用工程测量技术的情况下，还需要不断拓展测量技术的应用范围，这样不仅能够简化测量工作的流程，还能够提高测量工作的效率，确保工程测量技术能够充分发挥其自身的作用和价值，而相关部门还需要随时代发展的需求，将测量技术进行优化，确保工程测量技术能够趋向智能化和自动化的方向发展，从而保障能够为科学技术的发展提供帮助。

综合上文所述，桥梁工程在实际开展测量工作的过程中，必须要积极运用一些先进化的测量技术，但依照相关调查数据显示，我国当前桥梁工程在实际施工的过程中，桥梁工程测量行业逐渐趋向一体化自动化以及智能化的方向发展，通过这样的方式，就能够实现信息和数据共享的目标，最终保障能够满足社会经济的发展需求和标准。

第二节 市政桥梁工程质量的控制要点

由大量实际案例可知，现阶段我国的市政桥梁工程在竣工验收之后正式投入使用的过程中，通常存在质量上的问题，特别是市政桥梁过渡段经常出现质量问题，这对整个工程使用的经济性和可靠性造成非常严重的影响。因此，文章就市政桥梁在投入使用之后出现的质量通病进行分析、总结以及归纳，并且针对这些普遍的质量通病提出相应的解决措施，切实有效地提高我国市政桥梁建设的经济效益和质量水平。

近年来，我国社会经济和市场经济的发展速度越来越快，在此背景下，我国城市规划建设的发展速度也在不断加快，这给城市交通运输带来了很大的压力，因此，对市政桥梁工程的建设质量和水平也提出了更高的要求。在进行市政桥梁工程建设过程中，一定要严格控制施工质量，严格监督工程建设当中的任何一个环节，这样可以有效提高市政桥梁建设的整体水平和质量，确保其工程建设能够顺利完成。

一、市政桥梁工程质量中存在的通病

（一）桥梁裂缝质量问题

当前我国市政桥梁建设中的主要材料就是混凝土，但是这种桥梁的质量通病就是容易产生裂缝。由于在桥梁建设过程中存在后期养护不完善、质量监管不到位、施工技术不合理等情况，这些因素都可能会造成市政桥梁质量不过关，或者建设施工达不到相关设计要求，在投入使用后由于其质量不满足复杂的运用环境和车载压力，导致市政桥梁出现裂缝等问题，这就会给市政桥梁工程造成非常大的安全隐患。在整个市政桥梁建设过程中，其桥梁结构通常为预应力连续钢梁结构，这种桥梁结构在正式投入使用后会容易发生断裂或者裂缝等问题，进而导致桥梁出现严重倾斜，这会对市政桥梁的可靠性和安全性造成严重影响。

（二）桥梁道路沉陷质量问题

在市政桥梁项目建设过程中，外部环境、内部环境以及地下管线等因素都会对桥梁的施工造成一定的影响，再加上在建设过程中没有执行健全的、严格的质量监管制度，导致市政桥梁建设的基层处理和基层施工没有达到相关的设计要求和相关质量规定，桥梁出现沉降情况，这会对正个桥梁工程的服务水平和安全质量造成严重的影响。

（三）桥梁伸缩缝跳车质量问题

在市政桥梁工程建设过程中，对于建设桥梁的伸缩槽而言，通常是将沥青体切开后，将定制的伸缩缝结构放入切槽中，并且在安装伸缩缝的过程中，仅通过水平尺对桥梁进行简单的参照标高定位，并没有严格按照国家的相关规定进行施工，而且，在伸缩缝结构安装之后，直接进行混凝土浇筑。这种建设方式，无法有效控制其施工质量，同时，由于市政桥梁建设的工期要求较短，因此，在桥梁建设或城中浇灌的混凝土结构在还没有完全干透，或是桥梁建设还没有完全达到国家相关标准的时候就不能投入使用，在气温变化和车载压力等情况发生变化时，桥梁的伸缩缝会发生严重的脱落、下沉、破坏等问题，导致桥梁出现错台、高差等情况，会严重降低桥梁的使用感。

（四）桥梁漏水问题

在市政桥梁建设过程中的又一质量通病就是桥梁漏水问题，由于市政桥梁建设过程中很难真正实现全封闭状态，再加上城市交通的压力在日益增大，这就会让市政桥梁的建设施工始终处于比较复杂的环境中，这也给桥梁在投入使用后的维修、养护等工作带来非常大的难度，不及时维修、不到位养护等都是造成桥梁漏水的重要因素。一些市政桥梁工程在建设过程中，没有建设完善的防水功能，这也是导致桥梁出现漏水问题的又一大主要原因。

二、市政桥梁工程的质量控制要点

（一）施工前的质量控制

在市政桥梁建设过程中，想要有效确保施工质量，就一定要将前期的准备工作做好，在这一前提下，一定要对前期的施工质量控制予以重视，其中包括对施工原材料质量的控制、施工工程图的控制、施工机械设备的控制以及施工人员技术与平的控制等，这些因素都是前期准备工作中必不可少的。想要切实提高市政桥梁建设的施工质量，就一定要对其施工设计图进行严格的审查。工程设计图的内容是否翔实准确，是否符合实际的施工环境；施工原材料的质量是否符合国家标准，原材料的采购渠道是否正规可靠；具体施工人员的专业水平是否过硬，是否拥有相关的资质认可；所选择的施工设备、施工机械以及施工安全防护设备是否满足实际施工需求。

在市政桥梁正式建设之前将准备工作做好，将桥梁下部的基础处理平整，结合实际的施工方案需要科学测试导线点和水准点，在开展放样的工作时一定要使用全站仪和水准仪，并且要科学、合理地勘测桥梁建设的准确位置，并且保证在桥梁建设工程中放样环节一定要符合国家的精度要求标准，对不符合标准的要进行及时改正。在整个市政桥梁建设质量控制方面，不仅要对其施工程度进行精密测量，对于各个桥墩的位置、规格等方面而言、一样要严格要求其精密度，通过放样方式测定出科学且符合标准的数据，对桥墩建设的最佳基点位置进行确定，将相应的基础性轴线、地面高度、边线位置等数据准确地标注出来。

（二）施工中的质量控制要点

（1）施工工艺控制。在市政桥梁正式建设施工过程中一定要加强对基础开挖的质量进行严格控制，这一环节的质量控制主要包含两个方面：①对基坑开挖的质量进行控制；②对基坑回填的质量进行控制。在开始挖掘基坑之前，要对基坑周围的基槽降水以及地表截水等情况进行详细了解，确定基坑开挖的放样质量，确保将基坑中挖掘出的土方运送到指定位置，在完成基坑挖掘之后，要对基坑的尺寸进行测量，确保基坑的各项参数都与设计要求相符，相关质量监管部门要开展严格的质量验收工作，在基坑各项数据都符合标准之后，再开展下一步工作。在开展基坑回填工作时，要对回填土的密度进行严格控制，确保基坑回填土严实牢靠，与相关设计的各项要求相符，在基坑回填工作的各项检验都合格之后，再开展下一步工作。

（2）混凝土失控质量控制。对市政桥梁建设所使用的混凝土的质量进行严格控制，这一步工作的开展应该从确定混凝土混合比例开始，结合材料本身性能和实际的施工环境，在实验室中对混凝土的混合比例进行反复试验调整，让其混合比例最为科学合理，并且要对塌落度进行严格控制。在对薄壁墩进行混凝土浇筑的过程中，其施工设备应该采用料斗装料，塔吊吊运的施工形式。在进行正式的混凝土浇灌工作之前，应该对施工使用的水泥的各项指标进行复检，其复检数据和来料信息相一致时，才可以投入使用，并且要严格控制石料沙子的含水率，将这些数据和实验室的各项数据进行对比，以确保浇灌混合料的配合比最合理。当确定好混合料的配合比之后，再进行混凝土搅拌，并严格控制搅拌时间，最好是3~5min，通过观察，混凝土的搅拌效果达到均匀、颜色统一即可，然后再对钢筋、模板等进行严格检查，确认钢筋顺直干净，模板光洁平整，在此条件下，开展混凝土的浇灌工作。在实际浇灌过程中，应该根据相应浇灌要求，进行对称均匀浇灌，混凝土的浇灌厚度通常不超过30cm，浇灌高度严格控制在与模板相平齐的位置。应该对混凝土进行充分、均匀的振捣，其施工进程要严格按照相关规定，一定要避免过振、漏振的情况出现。对墩身进行导振时应该采用交错次序的方式插入导振棒，导振棒的插入深度以50~70cm为佳。

（3）线形控制。在市政桥梁建设过程中，多种原因都会导致桥梁结构出现变形的情况，造成实际施工和设计方案存在较大差异，没有办法将桥梁合龙到一起。为了让桥梁建设过程中的这一问题得到有效解决，使市政桥梁在建设之后的平面位置和高度标准能够与设计要求相符合，确保工程项目能够顺利完工，一定要在施工过程中对线形进行严格控制[7]。结合市政桥梁建设的实际需求，线形控制可以分为两个方向，即纵向线形控制和平面线形控制。其中相对比较容易控制的就是平面线形控制，这一控制方式更多的会应用在弧线桥梁建设过程中进行控制；纵向线形在实际施工过程中控制起来相对比较困难，如果控制不好就会引起各种问题，给桥梁施工带来各种困难，严重的会导致桥梁外形发生变化，因此，在实际桥梁建设过程中一定要对这方面予以足够的重视，最大限度地避免误差出现。

（三）工程竣工阶段的质量控制要点

在市政桥梁项目竣工验收的过程中，应该对沉井、地基以及灌注桩等均要进行严格仔细地审核，确定市政桥梁的实际建设情况与设计图纸的各项数据相符合。如果在检验过程中发现有数据与设计要求存在差异，就一定要及时采取相对应的措施进行处理，对桥梁进行适当的加固或者是返工，以确保桥梁建设的质量以及其中涉及的各项标准都能够满足实际需求。

综上所述，对于市政桥梁建设质量控制而言，这一项工作是具有一定复杂性和困难性的，整个质量控制工作的开展应该从施工前的质量控制开始，包括原材料的采购和检验、设计图的控制以及施工设备和机械的选择等多个方面，前期质量控制是否有效，会对后期项目建设的各个环节以及项目的所有参与人员的工作开展造成严重影响。为了确保市政桥梁建设的工程质量，还需要对实际施工过程中会涉及的各个环节进行严格把控，对整个项目的质量造成影响的各个关键进行严格的控制。同时，在竣工检验期间，还要加强对桥梁工程的每个环节进行严格的验收检查和复查，如此，才可以确保市政桥梁建设的各项标准都可以满足设计要求。

第三节　桥梁工程机械维护"三原则"

在桥梁工程建筑中，机械无疑充当着"利器"的功能，其维护质量的好坏直接关系到桥梁工程的成败与效益。机械设备质量好坏，对桥梁工程整体的质量有着重要的影响，只有对相关机械设备进行正确的使用及维护，才能保障桥梁工程项目的顺利实施，并使企业获得经济效益。本节拟从桥梁工程机械维护角度，集中讨论桥梁工程机械维护的"闭环三原则"：因天制宜原则、因地制宜原则、因人制宜原则，为提升桥梁工程机械维护质量和确保工程效益提供参考。

一、闭环三原则的依据

（一）理论依据

《孙膑兵法·月战》指出，"天时、地利、人和，三者不得，虽胜有殃"，工程机械维护莫不如此，唯有三者紧密结合方能决胜于千里之外。因为，桥梁工程建设往往是在恶劣的野外环境，一切相关活动无不受制于"天、地、人"三大要素，因此，桥梁工程机械维护也必须围绕这三大要素展开，需求三者的互补统一和有机融合。

（二）问题依据

问题是对策的依据，寻找答案前首先要知晓问题何在，在大型桥梁工程建设中机械维护常见的问题如下：首先，忽略天时对机械的磨损和破坏作用在机械维护管理中的重要性；其次，忽视了地理环境对机械损坏力在机械维护管理中的重要性；最后，对相关人员的管理和培训不到位。具体体现为在宏观方面对桥梁工程进行设备管理较差、对桥梁工程机械设备的维修护理水平较差、桥梁工程机械设备使用的不规范、在桥梁工程施工中机械设备的利用率较低或者表现为不能合理使用施工器械设备、对施工机械设备保养检修不够重视、机械设备操作人员的专业素质不高，因此应当从"天、地、人"三方加以综合考虑，以提高桥梁工程机械维护效益。下面结合具体工作分别论述桥梁工程机械维护的"因天制宜、因地制宜、因人制宜"闭环三原则。

二、闭环三原则的内容

(一) 因天制宜原则

桥梁工程通常在野外作业，其机械常为大重型，而置于户外的概率相对较高，因此，天气是其机械维护中一个无法回避的要素，实际上，因天气而引发的机械故障，往往给工程带来不可预测的困境，这涉及存放地点、存放环境等。首先，在阴雨连绵的季节里，机械存放地点十分重要，尤其是经常露天放置的机械更为重要。通常，机械适宜存放在位置高处，从而避免机械浸泡而导致无谓的耗损，因此，切忌放置在低洼地带；其次，机械一般对存放环境要求严格，最好至于干燥温度适中环境。因为长期置于潮湿的环境中，机械容易发生氧化，导致磨损，缩短使用寿命，因此，在选择存放地时，一定要考虑其空气干燥度，同时，通常气温又不宜过高，不宜长期置于烈日下暴晒，同样对机械容易造成伤害，因此在炎炎夏季，一定要置于干燥室温环境。

(二) 因地制宜原则

地理环境同样是桥梁工程机械维护一个重要因素。首先是地理安全要素。大型机械存放处一定要放置在"过硬"的地理环境，回避不安全的地理环境；这种不安全性主要来自两个方面：一方面，当地地质本身不结实，容易塌方，尤其是大雨或地震引发的塌方，另一方面，工程引发的地质塌陷。无论何种原因引发，都会造成机械损失，这是使用人员不太关注的软肋。因此，我们建议，首先选好安全地（或建设安全地），统一放置。其次，充分考虑本地水与土成分要素。各地水土环境不同，有些地区水土中含有大量的酸碱度不同的矿物质，无论哪种都可能潜伏着"机械侵蚀"危险，水土的酸碱性直接影响到机械的使用寿命和效益，因此，分析作业区水土酸碱度也是桥梁工程机械维护的必修课，碰到此类问题，主要有两个方案：第一，根据酸碱度选择不同器材的机械；第二，及时清理残留在机械上的水土。

(三) 因人制宜原则

人是一切活动的最终因素，因此，因人制宜是桥梁工程机械维护的终极原则。

从我们的工作实际来看，这方面必须重点关注四个要素：第一，培养主人翁意识。只有把集体当家的人，把集体财产当自己财产爱护的人，才能自觉地履行好机械维护职责，这是从思想意识上确保机械得到有效维护，但缺乏强制性；第二，提升职业技能。机械维护其实是一项对人的知识技能要求极高的工作，如关注气候变化、识别地理环境、熟悉机械性能与材料等等，因此，经常进行职业培训、提升相关人员素养是提高机械维护的必修课，这是从本领上确保机械能得到有效维护；第三，加强制度建设。制度是工作的基本保障，严格机械进出制度、存放制度、绩效制度、奖惩制度是确保公平和高效的底线，这是从外部强制确保机械得到有效维护的刚性条件；第四，上面是普通的因人制宜原则，或广义因人制宜原则。狭义上的因人制宜原则就是将上述广义因人制宜原则具体针对机械维护人员个体的有效实施。由于每个人的道德品质、知识技能和综合素质存在差异性，因此主人翁意思的培养、技能的提升和制度的制定与执行就不能千篇一律，而应因人而异、因材施教，但其根本手段和任务相同，做到内外手段结合、大小机械好用。

桥梁工程机械因其具有自身独特的作业环境，如气候、地理和人文等，因而在机械维护上具有自身的特殊要求和难点。本节结合自身工作经验和教训，立足中国传统文化，提出"因天制宜、因地制宜、因人制宜"三原则，在这三原则中，因人制宜是最根本性的原则，在实际工作中，牢记"天时不如地利，地利不如人和"（《孟子·公孙丑下》）。

第四节 桥梁工程质量监督

我国经济快速发展，一些基础建设规模不断提升，特别是关系到国计民生的桥梁建设，其整体规模、数量不断提升，在原有基础上又向前迈进一大步。本节主要通过对桥梁工程质量监督问题的分析，提出科学有效的管理方法，以此，有效保证桥梁工程质量。

随着社会快速发展，人们对交通质量要求也越来越高，在经济不断发展的前提下，我国交通基础设施建设也得到了快速发展，全面满足着人们生活需求，推进了社会发展与进步。桥梁建设关系到国计民生，是最为基础的建设项目，随着建设任务逐年增多，其质量问题也层出不穷，为了确保工程质量和进度，需要全面做了质量监督，根据桥梁建设标准、国家有关法规、现行技术规范、质量评定标准等，全面做好桥梁的质量监督与控制，以此，提升桥梁建设质量，事实证明，只有全面做好质量监督，才能保证桥梁工程质量。

一、桥梁工程质量监督思考

（一）必须要建立严格的规章制度

要从高起点做好桥梁工程质量监督，从严做好要求，通过高标准要求保证整体工程建设的质量，桥梁质监站需要全面发挥职能作用，根据《公路工程质量监督暂行规定》的基本要求，修订《桥梁工程质量监督实施细则》《监督工程师岗位责任制》等制度，使桥梁工程质量监督规程和职责更加规范。日常做好材料审核，特别是对相关重点工程的建设单位报送文件及资料，做好严格审查。各站要对受监桥梁做好审核，对不符合要求的建设项目，要及时下达《监督通知书》和《桥梁工程质量监督工作计划书》使被检查单位明确监督计划和目标，通过严格的职责和计划全面指导各项桥梁监督工作，确保监督科学化、合理化、标准化，只有全面执行制度规定，才能从根本上保证整体质量，监督控制好与坏，也对桥梁质量起到决定性作用。

(二) 全面做好招投标控制和业主程序

实行桥梁施工公开招投标是当前最主要的项目获取方式，通过良好的招标，全面保证桥梁工程质量，这是基本条件，一定要从源头把好质量关，优选施工单位，严格施工程序。相关质监单位一定要全面负责，有效发挥好质量监督作用，对招标投标工作各个环节做好有效监督，严格审查各投标单位资质，保证招标投标工作合法、依规，通过合理的监督，避免施工单位非法或越级承包。要充分重视业主利益，通过有效的协调沟通，把握好业主关系，尊重业主质量管理程序，全面发挥好监督功能，对不规范、不合理工作程序和行为，及时纠正，确保整体工程质量与安全。

(三) 狠抓施工单位建设质量

施工单位与质量有着密切的联系，只有全面加强施工单位质量控制，落实与质量体系建设，才能保证工程建设质量，从根本上提升品质。质监部门要全面抓好质保体系建设，以此为切入点，有效做好各项监督。要对建设单位进行监督控制，从项目经理、技术人员到施工人员，均要层层明确责任，把责任落实到人头，通过严格的岗位管理，使各道工序都有责任人，专人专管、责任明晰；要对各道工序进行严格管理，当每一道工序完成后，需要进行必要的自检，然后再经由业主、监理签字确认，这样，才可以进入到下一步工序建设，有效保证各道工序的质量，就是为整体质量做保证。建设单位自检必须要抽调专门人员进行检查，指定具备一定施工经验、技术过硬、熟悉图纸的人员对相关质量进行检查，保证整体建设品质符合设计要求。

(四) 严格监督监理工作

要有效发挥好桥梁建设工程监理作用，通过监理功能的发挥，全面确保并提高工程质量，充分发挥出三级质量保证体系环节功能作用，使监理工作真正到位。要充分保证监理人员素质和水平，根据桥梁建设工作计划和监理工作实施细则，有效发挥出职责效能，使监理权限在工程建设过程中发挥作用，严格控制好监理程序，对监理工作做好指导，日常要通过检查、考核，对不合格监理及时清退。

(五) 巡视监督和驻地监督相结合

为了有效提高质量，需要对各施工现场进行不定期巡视监督，特别是对重点工程、关键标段，需要做好全程检查抽查，抓重点、抓关键、抓主体，通过抽查，及时发现问题并提出整改建议，对相关责任单位与人员进行跟踪，保证整改到位。

(六) 积极参与重大方案变更

监督过程中，往往会遇到施工变更的问题，那么就应该积极参与进去，对施工变更的重大方案和关键技术难题做好研讨，不但能够全面了解变更的理由，更便于今后做好工程质量监督与控制，采用更加具有针对性的方式，做好各道工序控制。

(七) 狠抓试验检测与工程验收

全面做好各项试验检测，通过检测保证质量，为工程建设提供可靠保障，要求每个工地必须建立工地试验室，增加检测设备、配备专业人员，监理需要全面进行抽查，保证抽检频率不低于20%。竣工验收是对桥梁建设的最后检查，通过各方面数据对项目进行评估。桥梁竣工后，相关的质监部门要委托有资质单位根据设计、条款及标准进行全面的评估，对桥梁做好客观、公正质量评定，合格后再签发《工程质量鉴定书，确保工程整体质量满足设计需要。

二、存在的问题和建议

(一) 存在的问题

一是执法力度不够。桥梁工程关系到国计民生，但质量问题普遍存在，出现质量问题的成因较多，主要是监督执法地位不明确，执法手段单一，也没有力度，一些执法监督单位经常心有余而力不足。二是施工建设标准低。有一些建设单位为了降低施工成本，片面追求进度与工期，节省环节、简化流程，质量得不到保障。

(二) 质量监督建议

要全面提高行政执法力度，从管理层面改变社会认知，强化管理职能，把监督工作纳入法制化轨道。上级部门应赋予质监部门执法权限，如授予质监部门否决权和资金停拨权等，提高质监部门地位。不断加强相关管理人员的政策理论水平，提高专业能力，不断完善自身条件。

桥梁质量监督管理至关重要，要不断加强制度建设，及时做好三方监督管控，通过不断提升管理人员综合素质水平，做好桥梁施工监督控制，促进社会经济可持续发展。

第五节 桥梁工程监理工作的有效方法

首先介绍了桥梁工程监理工作，随后分析了桥梁工程建设质量现状及桥梁工程建设监理工作中的问题，重点探讨了增强桥梁监理工作的有效性方法，如加强监理人才的培养、完善监理管理组织机构、加强桥梁工程建设中的监理工作等措施，旨在为今后桥梁工程质量监理工作提供了参考。

一、桥梁工程监理工作简介

质量控制是工程建设的关键，桥梁工程施工条件复杂，工程质量受多方面因素影响。任何环节出现问题都会对工程整体质量带来严重的后果。工程监理人员必须对影响工程质量的原料、施工工艺等进行全面监理，从而保证工程建设质量与使用效果。

公路桥梁监理是监理单位受建设单位委托，依据法律合同规定，对建设工程进行全过程的监控。工程建设项目的设计、施工技术等都是影响工程质量安全的关键因素。为保证公路桥梁工程的质量安全，必须加强监理管理工作。大型桥梁工程建设任务繁重，监理在施工准备到竣工验收全过程都发挥至关重要的作用，因此，项目的顺利完成必须保证监理在每个环节都参与其中。

工程监理是除建设施工单位外的重要参与主体，履行好安全监理职责是确保工程的基础性工作。监理单位及监理人员在路桥工程中对施工安全及质量严格把控非常重要。

项目管理者要充分利用有限的可支配资源，促进项目活动顺利开展。项目质量管理是围绕项目质量进行的指挥控制等活动，由质量计划、项目活动、组织结构组成，项目质量管理是系统的工程，需建立科学的质量保证系统。项目质量管理的影响因素主要有人员方面，机械设备、物资材料、工艺方法等。项目管理要做好事前到事后的全过程管理，不同阶段管理重点不同，在过程中是有机统一的整体，为实现工程质量目标提供保障。

二、桥梁工程建设质量现状

(一) 桥梁工程建设质量问题

当前桥梁工程项目质量管理中存在监理失效的问题，一些项目质量管理做出了大量工作，但部分施工人员在具体实施方面执行力不强，存在一些违规操作等问题，施工中存在违章操作等现象，因此应认真分析桥梁工程项目质量管理中的问题，加强监理管理，保证工程建设质量。

桥梁项目中参与项目相关人员专业素质较低。专业项目质量管理人员较少，大多质量管理人员为技术人员，其对项目质量管理方面的知识了解较少，工作中多靠经验管理。

技术岗位人员配备不齐，对技术跟踪指导不到位，个别技术人员未达到持证上岗的要求，对新材料设备接受能力较差。施工操作人员流动性较大，新进操作人员年轻员工较多，实际操作能力较弱。

材料是影响工程质量的关键因素，桥梁工程项目在材料采购验收等环节把关不严。相关采购法律文件不规范，采购环节一些材料未履行正常的招标程序，就近从周围小型砂石开采生产场地直接采购，供应商审核未综合考虑工程质量技术标准的要求。

进场材料应由现场试验人员与厂家共同取样，材料检验人员分批次检验落实不到位，同生产厂家钢筋材料未做到批次分明。采购大宗材料相应的存放保护措施落实不到位，现场材料堆放密集混乱。

桥梁工程施工工序较多，各环节工艺要求不同，只有按既定的管理程序跟踪控制各环节工序质量，才能保证工程建设整体质量，但一些桥梁工程建设中质量管理人员对各工序管理滞后。质监人员在跟踪控制中未严格遵守每个环节的程序，施工中受天气因素，不同施工机械影响，施工结果与质量存在出入，各检验评定资料未按工程进度及时形成书面材料归档，对是否出现质量问题无法查证。

（二）工程建设问题分析

桥梁工程项目出现质量管理问题有很多方面原因，主要包括施工队伍学习培训机制缺失，项目质量管理制度落实不到位等。项目负责人对项目质量管理培训工作不够重视是导致施工人员专业素质较低的重要因素。专业技术人才流失严重，造成当地各类人才技术力量相对薄弱，项目分包队伍人员流动性较大，企业不愿投入过多精力财力培训。

桥梁项目为保证优质高效完成施工任务，确立具体的实现目标，制定各类规章制度，但许多管理制度与措施未有效落实。在具体执行中发生偏差。管理层对执行情况缺乏检查考核，具体操作人员在执行中比较随意，导致出现材料管理把关不严等问题。

项目管理层在会议上强调质量管理问题，但在实际中更注重成本与效益，实际管理中质量控制意识逐级减弱，一线管理人员与操作者过度追求进度降低成本。桥梁工程项目部设置管理人员不能很好发挥作用，项目例会中对工程质量未具体指出问题，一些质量通病未进行追责，质量监督控制弱化。

三、桥梁工程建设监理工作中的问题

桥梁工程建设建立工作中主要存在缺乏市场行为规范，监理人员从业行为缺乏规范性及现场监管落实不到位等问题。监理招投标工作缺乏规范性，个别建设单位未严格按工程监理招标文件获取中标资格，监理单位盲目要求压价中标，忽视对建设单位专业水平的考量。监理企业行为缺乏规范性主要表现在通过不正当方式恶意压价，部分拥有高资质监理企业出卖行业资质，导致一些不具备建设资质的建设单位中标。

当前道桥工程监理主要任务是控制工程施工质量，但实际工程建设中，监理人员并未按相关监理规范要求履行职责。实际施工中存在旁站监理缺失的问题，导致施工环节缺乏质量监控。

四、增强桥梁监理工作的有效性方法

(一) 加强监理人才的培养

监理人工作以合同为监理依据,在履行合同时应配备高素质的监理人队伍,监理单位要重视监理人员的素质教育。首先应选派具备较高专业水平,有丰富的施工管理经验的人员担任监理成员的领导,注重培养年轻的人才;其次应注重专门的贯彻标准培训,依据先进有效的质量标准进行控制。监理人员应具有较高的专业水平,通过查阅设计图及时发现施工中的缺陷,避免桥梁工程出现质量问题。

(二) 完善监理管理组织机构

完善监理组织机构要强调具备合同要求的相应制度,工程项目中招标文件要求两级监理,在不同的施工单位中成立专门的监理小组,由丰富施工监理人员组建小组,及时监控施工现场环境,及时与施工单位相关技术负责人员沟通。

桥梁工程中监理工作要做到全方位多层次开展,根据工程实际情况制定相应的管理措施,检查施工技术人员是否满足相应资质要求。严格要求施工人员按操作规范操作,对现场监理小组严格按质量标准检查验收。旁站监理隐蔽工程施工全过程。

(三) 加强桥梁工程建设中的监理工作

桥梁工程建设中首先要严格控制材料进场,材料物资质量对工程质量有直接的影响。每个项目实施中都需使用很多机械设备及施工材料,监理人员要严格控制入场材料。监督机械设备的使用运转情况,定期对现场操作人员及维修人员进行检查,考核其对质量标准的掌握情况。加强对考核不合格人员的培训力度。加强施工人员的质量意识与专业技术能力。

其次,要明确质量控制的要点,桥梁工程施工前,依据设计文件明确质量控制关键部位,应对施工质量控制重点环节事先做好技术准备,确保施工质量薄弱环节工序衔接落实执行。避免工程建设发生巨大安全事故。

再次,监理工程师必须要求各类人员做好工程建设原始记录,保证落实施工质量目标。明确规定每项工程质量检验合格后方可进入下一环节工序。同时注重监理质保资料的记录。

(四) 做好工程质量评价工作

质量评价是桥梁工程质量的基础保证,一些重大质量事故可能因设计施工监理等方面问题引起,桥梁工程建设过程及竣工后检验评价不准是很大的因素,如在工程质量评价中及时发现问题则能避免发生严重的质量事故。

我国公路桥梁工程建设已形成建设，虽采用施工与监理单位共同建设的程序，但桥梁工程质量受到很多因素影响。因此，应对桥梁工程质量进行客观准确的评价。

对工程质量问题要注意改进工程质量评价方法。现行的公路工程质量控制评价不够科学完善，评价桥梁工程质量可采用新的技术方法，如监理人机构制定新的评价方式，改进现行工程质量检验评价中分项工程权重分配的缺陷。

桥梁工程是我国公路建设中技术水平最高的工程，提高桥梁工程质量是工程监理的目标与责任，因此，加强桥梁工程监理检测手段，应提升监理队伍专业水平，保证桥梁工程建设质量。

第六节 桥梁工程建设现场管理

目前国内建设现场管理，是工程项目管理中的一个重要内容，建设现场管理贯穿整个施工过程。建筑施工企业的建设现场管理，它促进了建筑工程的发展，建设现场管理工作的好坏，很大程度上决定了企业的经营效益、企业信誉乃至企业的存亡问题，所以现在国内很重视并且注重建设现场管理工作。随着我国现代化建设的不断深入，建筑业的市场竞争也越来越激烈，面对市场经济，适者生存，不适者淘汰。因此中国建筑企业想要发展壮大，就必须运用现代管理的思想和方法，制定企业自己的建设现场管理标准。

一、建设工程现场管理影响因素

（一）建设工程现场管理人的因素

①桥梁工程施工困难，环境条件艰苦，愿意参加桥梁施工的技术工人偏少，桥梁一般分布在偏僻的地区。②桥梁工程，难度高，有高技术的工作人员少。桥梁的水下工程是重中之重，对于水下作业有经验的人员很少，一般的技术工人很难达到施工要求。③桥梁工程量大，人员分配不均衡。桥梁工程分为基座、桥墩、桥身三个部分，工程量颇大，人员分配很难均匀。

（二）建设工程现场管理机械设备因素

桥梁工程现场是陡坡和河流，机械设备很难安放到位。遇见陡坡就得进行场地的开挖，在陡坡上开挖场地实属不易，并且要求机械设备高空作业，条件艰苦，难度高。高空作业得调动大型设备，对大型设备的调动可以说是难上加难。对机械设备的作业要求高，对机械设备的性能要求更是要达到指标。

(三) 建设工程现场管理材料因素

桥梁工程一般近水，对材料的腐蚀严重；桥梁一般近山，对材料的堆放需求高，一般要求堆放在平整的场地，对材料的进出场要进行严格把控。材料应分为高空和遇水施工材料，对材料的性能要求全面，对遇水的和近水的材料要做出明确判断。

(四) 建设工程现场管理工艺方法因素

桥梁工程施工，技术要求高，有的工序采用新工艺新技术，还有专利技术，每一项工艺过程必须严格按照施工方案执行，不能有任何偏差，差之毫厘，失之千里。任何的失误都可能导致项目失败。

(五) 建设工程现场管理环境因素

桥梁工程的环境艰苦，一般分布在遇山，遇水的地区，遇山不好开凿，遇水不好施工。遇山的地方潮湿，遇水的地方多雨。在潮湿多雨的情况下，我们不好完成水泥的浇注。施工环境的变化也会对施工产生影响。严格要求施工环境。由于环境的变化，不同的施工工艺可能产生不同的效果。例如，在混凝土浇筑中，是在夏季，混凝土的维护时间会很短，在冬季施工时，混凝土浇筑的维护时间需要延长。冬季混凝土浇筑会影响建筑物由于冻结。例如，在高水位地区施工时，当基坑在雨季施工时，由于雨水浸没，基坑会发生塌方，最终影响到工程的承载能力。

二、建设工程现场管理措施

(一) 建设工程现场对人的管理措施

保证工人的充足数量，且让工人们有活干，工期就不会延迟，进度就得到保障。人力分配要均匀，尽量保证不出现窝工，少工、短工、缺工等现象，工程的工作量就会均衡，工程能按时完工，工期得到保障。桥梁工程是高精度、高难度工程，因为在质量方面要求高，安全危险性很大，所以在人力因素方面，要求特别的高。主要表现在桥梁工程要求操作人员的技能高，会引进高素质人才，并且对人员进行培训考核。还有对人员实行信息化智能化管理，如：在每个工人的帽子后面粘贴二维码，以便对每个工人的信息得以核实。

(二) 建设工程现场对机械设备的管理措施

首先要确保机械设备的质量是否满足要求，使用方式是否得当，有没有定时保养。其次是看看出厂商是否符合规范要求，设备进场时是否按顺序来，有没有违反项目规定，应对设备运行情况进行检查复核。三是要看设备的安放是否符合生产和现场安装要求。四是在设备运行的过程中，有无异样，注意机械设备的合理使用，比如需要润滑油的地方，千万不能节省，要涂抹到位，让机械能正常运转，并且及时地对设备进行养护和调试。桥梁工程是高难度工程，要求机械设备的性能好，甚至利用新设备新工艺。

（三）建设工程现场对材料的管理措施

可以从进场、验收和放置三个方面入手来谈谈材料的管理，进场时要提高警惕，对材料进行检查，按相关规章制度执行，材料未经检查不得入场，材料进场时必须提交给相关人员进行检查。验收时，要注意材料的再度检查，不能出现蒙混过关的现象，要一笔一笔的挨个进行检查，不能漏掉一个环节。在放置上一定要注意环境因素，比如：钢筋容易生锈，不易堆放在潮湿的地方，要找个见光不见水的地方进行安置。在放置上还要注意材料本身的存放状态问题，因地制宜进行材料的安置。因为桥梁是百年大计，要求材料品质高，就得对材料验收合格，所以要有专门的验收过程与验收人员。

（四）建设工程现场对工艺方法的管理措施

决策者要制定相应的工艺研制策略与创新激励机制，企业对于产品的开发，具有盲目性、投机性、缺乏方向性，这就需要我们制定相应的工艺研制策略，来进行逐步分解，让问题得以化解。我们可以明确开发和工艺研制的目标，根据市场需求因地制宜研发出符合生产需求的水泥，来实现我们的生产目标。我们还可以对研发人员实行奖励制度，来提高人员对生产工艺的关注，对研发的热爱。从而激励越来越多的人员参与进来，为提高工艺奉献自己的力量。因为桥梁的后续保修难度大，所以得保证施工工艺和方法，每一种施工工艺必须成熟，而且方便施工。

（五）建设工程现场对环境的管理措施

由于桥梁工程施工环境复杂，施工难度大，专项工程就得有专家论证，严格履行专项施工方案。这就要求我们算准工期，在晴天完成施工避开雨季。也要求我们对环境加以改造，把陡坡开凿成平整场地，等河水水位降低一些在进行施工。还要求我们因地制宜进行施工，在水下的施工，尽可能在水面上完成作业，再放入水下。在水面上的施工尽量符合环境要求。

总而言之，提高建设工程现场管理水平，可以很大程度上提升工程项目建设的效益与质量。对此建设单位首先要重视"人、机、料、法、环"的管理，认识到这项工作的意义，在开展过程中提升其有效性与合理性，只有这样建设单位才可以将项目的整体效益提高。由于桥梁工程建设难度大，影响因素多。对此工作人员要根据实际情况来进行分析，采取有效措施来应对，从而明确"人、机、料、法、环"管理工作的有序进行，为企业发展提供重要支持。

第七节 桥梁工程的常见病害与施工处理技术

　　桥梁的病害问题在其建设使用中直接影响着桥梁的正常运作，所以如果没有及时进行完善的维护，非常有可能会造成危险，而对附近的居民的生活以及生命财产保全造成伤害。对此，这篇文章的内容就是为了阐述桥梁工程中出现的常见病害问题，并且研究了一些相关的处理技术。用此想在桥梁工程建设做一下参考，来确保现在的桥梁工程的正常运行。

　　桥梁是城市互通往来的主要方式，也是我国交通运输体系的重要组成部分，不管是在货物运输还是在人们出行方面都有着紧密的联系。在人们生活水平不断提高下，货物运输与私家车数量不断增多，这给桥梁带来巨大的压力，并在长期荷载作用下出现病害问题。当桥梁出现病害后，需要相关人员做好及时的维修与补救处理，这样才能提高行车舒适性，避免安全事故的发生，同时也有助于桥梁使用寿命的延长。

一、桥梁工程的常见病害

（一）裂缝

　　裂缝是公路桥梁常见的一种病害现象，其主要表现为公路表面或者桥面出现纵横向裂缝、不规则网状裂缝等，如果情况严重的化还会造成大面积破裂问题，由于造成道路桥梁裂缝的因素较多，只有针对不同病害原因进行分析，才能找出有效的解决对策，从根本上降低裂缝问题的产生。从以往的桥梁裂缝来看，造成这种问题的主要原因是由于桥面刚度不够所造成的，在长期的荷载作用下与重力荷载下桥面逐渐出现变形，而引发铺装层开裂。除此之外，公路桥梁在建设中经常会应用到钢筋混凝土材料，由于自身具有一定的干缩特点，在长期使用中经过时间的推移会产生干缩裂缝，影响整个混凝土结构的强度和稳定性，也是引发裂缝的一个主要方面。综合来讲裂缝产生的原因主要与设计、施工材料质量、行车荷载等多方面问题。

（二）钢筋锈蚀

　　钢材腐蚀，混凝土碳化这是现在时常会在道路桥梁工程中的常见问题。对于这两个名词的解释，其中钢材腐蚀，如果发生腐蚀，钢材就会膨胀，一旦施工人员不小心使用这些钢材，就会造成钢筋的表面的承受压力过大，从而导致道路出现开裂现象，会对道路桥梁的使用年限和安全性造成严重的影响。在恶劣的自然环境下，桥梁内部钢筋容易产生锈蚀等病害现象，除了自然环境的影响，施工人员在作业过程中没有按照钢筋施工流程与工艺技术要求进行现场作业，没有做好刚进的保护措施、钢筋表面防锈蚀镀层不能满足质量标准要求都有可能导致钢筋锈蚀问题。为了降低桥梁中钢筋锈蚀问题，施工单位应该从钢筋运输、存储、施工的全过程考虑，做好钢筋保护工作。

(三) 道路桥梁的地基出现不均匀的沉降

经过分析观察之后得出导致道路桥梁地基不均匀沉降是导致结构病害的主要原因之一，如果道路桥梁不均匀下沉之后我们没有加以加固处理，就会使其所受的力不均匀，对桥梁道路的结构产生破坏，久而久之桥梁会出现裂痕，再出现裂痕之后如若继续不去维护他，严重之后就会出现坍塌的威胁。为了防止桥梁道路出现坍塌的危险，我们应在施工时就做好准备工作，进行详细的地质勘探，对所处地段的地址进行仔细地分析了解。在对桥梁设计时我们也应要求设计师进行有科学性，有依据的设计。除以上之外我们应要求施工单位在施工时杜绝不合规范的施工操作，严格要求进场材料要符合标准，不允许廉价不合格材料进入场地使道路桥梁产生质量危险，最后对施工场所的环境因素也应该考虑到位，降低环境对工程施工的影响。做到以上几点可以尽可能地减少不均匀沉降。

(四) 路面下沉

车辆的行驶舒适度和桥梁结构的持久性和稳定性与道路桥梁工程的基础设施相关联。当道路桥梁工程的基础设施出现问题，如质量问题，施工技术问题，所处地理位置问题，施工质量问题等还有一些其他方面的种种问题，很有可能就会导致道路桥梁在施工和使用中发生路面沉降的危害。施工工艺与施工质量是影响这个道路桥梁工程路面沉降的主要原因，根据调查来看，当施工方案设计里的对施工区域地质勘查不彻底，对地基的处理不到位也有可能会使路面出现问题，从而有可能严重危害桥梁主体结构，使其产生裂缝，让道路桥梁的安全性降低。

三、桥梁工程施工处理技术

(一) 裂缝修补技术

在桥梁病害现象中，裂缝是最为常见的一种，采取裂缝补救措施，能够降低裂缝的扩大化发展。在具体的实施过程中应该注意以下几方面问题：第一，桥梁构件表面发生较小的裂缝现象时，必须加以重视，采用耐水性较强的施工材料，进行填充修复，降低裂缝扩大发展对混凝土结构造成的不利影响。当裂缝问题较大的时候，需要采取延展性与伸缩性较好材料，确保修补的合理有效。第二，对于大面积裂缝处理，需要对原有混凝土进行凿除施工，通过加大截面面积的方法进行加固，首先将构件表面的凿毛处理干净，采用同一标号的混凝土进行浇筑填充，从而达到加固效果。第三，当采用钢板材料进行加固的时候，对施工方法及材料要求要有详细的分析，能够有效实现桥梁裂缝的处理，通过裂缝修补技术提高桥梁的整体质量。

(二) 钢筋锈蚀管理

在桥梁建设与使用中受到多方面因素的影响钢筋发生锈蚀问题。在桥梁养护过程中应该做好定期的检查与养护工作，对钢筋锈蚀情况进行准确的记录，结合工程项目情况合理选择钢筋型号、尺寸，严格按照规范标准要求进行钢筋绑扎等作业，做好表面的涂层保护工作。

(三) 路面沉降处理技术

当路面下降的时候就对其进行填补，加固某一处受损的地方，所以利用桥梁加固这个方法可以有效地解决桥梁工程中路面沉降问题。桥梁加固，即指利用高强度粘贴材料覆盖在桥梁的外部，重新计算设计桥梁工程的结构体系与截面积之间的关系以提高混凝土结构的抗压性能，妥善处理桥梁的受力状态，改变应力集中的局面。在各种原因下，桥梁路面沉降的程度大不相同，所以我们可以依据路面不均匀沉降的严重程度来重点采取不同的处理方法进行维护。当沉降高度比较低时，就可以采用平时经常采用的常规路面修补办法进行修复；而当沉降高度较大，程度严重时，要采取灌注，置换，压实等技术处理。灌注处理即为在基础设施内加以水泥砂浆，使其与混凝土和地下软土结合用以加固，来改善基础稳定性，提升路面承载能力。置换处理就是说在常规处理方法不见成效的那些不良土质中，在此开挖坑用来填充一些性能较好的矿石，碎石，来确保土地质量；压实处理则为在所施工区域内利用压路机对路面进行碾压，夯实基础，减小路面的坑洼和不均匀沉降，进一步让土地的紧密和承受能力得到提高。

(四) 锚喷加固技术

锚喷加固技术在近几年得到快速发展，其在公路桥梁中的应用也越来越多。在具体的施工操作中锚喷加固主要用于支护岩体桥梁结构及加固工程中，通过钢筋网的铺设，采取喷射锚杆的方式达到加固效果。在具体的施工中，将相应分量的速凝剂加入施工材料里，提高材料的凝结效果，从而保证路面强度能够满足使用要求，这项技术的应用可以在很大程度上保障施工质量。另外，在使用锚喷支护的时候，还可以结合混凝土浇筑施工，减少公路桥梁加固的施工程序，让桥梁加固更加简单有效，切实提高施工效率与施工质量。

(五) 混凝土的后期养护

通常施工方在使用混凝土施工后，必须将其凝固一段时间，使其中的水分逐渐蒸发掉，才能保证混凝土能达到应达到的稳定作用。在这个过程中，由于水分的大量流失，凝固时也会出现裂缝或者色差这些问题，这些问题对道路桥梁的施工质量影响严重。在这种情况下混凝土的后期养护就显得尤为重要。首先，道路桥梁混凝土施工需根据施工时的周围环境和施工时的情况进行模板的拆除工作，拆除时一般采用浇水法和遮盖物覆盖法，再控制好拆模的力度,这样就可以有效地减少混凝土出现裂缝的情况,还可以通过增加混凝土的养护膜、养护剂等来增加混凝土的硬度和轻度,最后要注意养护工作必须超过12个小时才算完成整个养护工作,达到减少裂缝的可能性。

随着社会各方面的飞速发展,对各种设施的要求越来越高。在路面路基方面表现得尤为明显,尽管现在质量问题得到高度重视,有关的负面新闻在逐渐地减少,但是还是存在一些例外,在路面路基病害方面,裂痕、塌陷和凹凸是三大主要问题。要解决这些问题首先需要多方面的配合,政府要加强施工的质量监管,不管是在路面施工时还是在病害修补时都要做到政府应该有的作为;此外,各企业也要做好自己的本职工作,不可以因为劣质材料或者是不合理的施工方式而导致路面质量从而让路面病害多发;作为个人来说,那些施工工作人员,既然自己选择做这份工作就一定要做好,一定不可以出现因为偷懒或者其他原因造成质量不佳,还有就是大型货车的车主一定要控制好车子的载货量,不可以超载从而造成路面病害凹凸不平、裂缝或者塌陷的出现。

第八节 桥梁工程施工成本核算和控制

桥梁工程施工中,施工成本占据较大比例,做好施工成本的核算和控制,对企业经济效益、未来发展有着重要作用。下面,本节首先分析桥梁工程成本的影响因素,然后分析成本核算和控制重要性,最后总结施工成本核算和控制措施。

桥梁工程的施工成本,指整个工程施工中的费用总和。为提高单位效益,节约施工成本,需严格控制工程消耗的各成本,将工程总成本控制在规定范围内,从而提高单位的综合效益。下面,本节从以下几点探讨施工成本的核算和控制。

一、桥梁工程成本的影响因素

桥梁工程成本以间接成本、直接成本为主,从间接成本上看,多指为完成工程任务产生的费用,尽管间接成本占总成本比例不大,但仍需要重视这部分成本的控制;从直接成本上看,多包含人工费、材料费、现场管理费等,占据工程总成本的最大比例。另外,桥梁工程施工中,还存在各种影响施工成本的因素,如施工人员操作水平、工程进度、施工方案、工程质量等。为实现工程成本的控制目标,必须从上述方面做着手,制定行之有效措施控制成本,预防不必要的损失,提高施工单位效益。

二、施工成本核算和控制的重要性

由于工程施工中的成本具备延伸性,因此,做好成本的管控处理非常重要。强化对施工成本的控制，尽量减少工程造价，节约资金投入，是工程施工中的研究重点。对施工成本的核算和控制，是一项专业性、技术性的工作，要想保证工作质量，必须有着强烈的成本控制意识，并加大对各信息的分析力度，及时关注市场变化，只有这样才能在保证成本核算、控制工作质量的同时，节约投入成本，实现效益最大化。

三、桥梁工程施工成本核算和控制措施

（一）施工前制定成本投入计划

工程施工中，对施工成本的核算和控制，被称之为成本管理，通过它来控制工程的成本投入，在工程施工中通过施工进度的加快，施工质量的提高，来减少施工成本。在管理成本时，必须保证精细化，因此，工程施工前期，技术部门需对相关人员进行明确划分。其中，保证技术人员全面了解施工图纸和文件，并进行认真的审核，根据施工合同编制施工方案；材料人员要比对材料价格，检验材料质量；设备人员要做好设备的检修处理，调查油料价格，保证油料充足；造价人员细化分析价格数据、施工计划，编制预算方案，上报至部门审核通过后，再编制材料使用计划、施工进度计划等，交由各部门执行，最后，按相关要求和工程管理部门签订责任书，明确奖罚机制，保证工程在规定工期竣工。

在桥梁工程的分包中，所产生的劳务费是施工人员的费用。一般来讲，分为社会承包、内部承包两方面，在进行绩效考核时，还要考量施工材料消耗度。针对工程中的其他杂工，应使用分项工程中的全部作业，忽略杂工进行控制；分项工程劳务费，可参照以往施工工期、作业等资料确定。对于建筑材料费用而言，包括运输费、主材费等，从建安费用角度上看，若将它当成两亿元，一个百分点也就是两百万元，故而，施工材料费用仍有结余空间。施工材料数量，是工程施工中使用量和消耗量总和，其费用多细化在耗损上，在量差、价差方面控制。从工程实际看，预应力材料成本比较高，在计算耗损时，可参考施工工艺。对于混凝土耗损度，则按照施工设备、施工工艺计算，该算法条件是混凝土材料必须有着良好的和易性及工程正常施工。机械设备费用以油料、维修、人员奖励等为主，在桥梁工程中，这方面费用的计算比较困难，因为机械设备更新过于频繁，没有租赁经验，未将施工定额的影响考虑在内，所以，机械设备费用比较低。为节约工程的施工成本，在选择大型机械时，可使用专业分包的形式，而小型机械设备则由劳务分包方承担。

（二）材料设备成本的核算和控制

桥梁工程施工中，影响施工成本的因素比较多，其中，设备材料是最为重要的方面，占总成本的70%左右。对施工成本的优化，要从设备、材料两方面着手，按对成本产生的影响度，在对成本进行优化时，要从施工材料的控制入手。对于工程材料设备来讲，要对其进行严格的质量检验和审核，保证质量、数量是否符合要求，在保证工程质量的同时，减少施工成本。为预防因材料再次运转增加施工成本，机械设备、材料的存放非常重要。

并且，考虑施工环境对成本的影响，比如雨水会损坏施工设备和材料，增加成本浪费。这种情况下，需优化材料设备成本，保证其能在工程施工中合理使用，使用先进的施工技术和工艺；重视施工现场管理，预防材料设备质量问题的出现。优化各方面材料设备成本，从而优化整个工程的施工成本，提高施工单位的经济效益。

（三）重视成本考核

成本考核是成本管理的最后工作，也是工程施工中的主要内容，对工程成本控制意义重大。在对成本进行考核时，要考核竣工后的成本和各环节成本，并做好各部门、各参与人员的考核。只有加大成本考核力度，才能及时发现成本核算不足，及时制定有效措施更正，满足节约施工成本的需求。同时，重视对工程管理人员、项目经理的考核，完善成本管理机构，优化管理人员配置，为日后成本的管控提供保障。

综上所述，做好桥梁工程施工成本的核算和控制工作，在项目工程管理中具有重要作用。在工程施工中完善施工方案和工艺，强化施工成本控制，能减少设备、材料成本，降低工程的投入成本，提高施工单位的经济效益。此外，还要分析影响施工成本控制的因素，选用有效措施来提升单位利益，在增强市场竞争的同时，推动社会发展。

第三章 路桥施工技术

第一节 路桥施工技术及质量控制方法

介绍了路桥施工的特点及存在的不足,分析基础工程、路基路面、钢筋、混凝土、过渡段等路桥施工技术并提出质量控制方法,主要包括加强材料质量控制、提高施工人员素质、注重施工技术管理、重视质量检测验收等内容。结论证实,落实施工技术,加强质量控制,有利于顺利完成路桥施工任务;预防裂缝、沉陷等问题发生,延长工程使用寿命,确保路桥施工质量和效益。

随着经济社会发展和各地联系增强,路桥施工建设取得迅速发展。因此,为促进路桥工程更为有效地发挥作用,落实施工技术,采取有效的质量控制方法是必要的,但不能忽视的是,部分施工人员在工程建设过程中,由于不注重加强自身学习,再加上施工单位管理培训不足,影响自身综合素质提升,有必要采取改进措施。本节结合路桥施工建设实际情况,就如何落实施工技术,加强质量控制提出相应方法,希望能为路桥工程建设提供启示与借鉴。

一、路桥施工的特点及存在的不足

路桥施工的工期长、资金投入多。为实现对质量的有效控制,应根据施工特点和现场基本情况,制定合理的技术方案,并严格落实质量控制措施,但目前路桥施工依然存在不足,需要有针对性地完善和改进。

(一)路桥施工的特点

路桥施工涉及面广且工程量大,工序复杂、烦琐,施工任务艰巨。因此,作为施工单位,有必要详细开展调查,掌握路桥施工基本情况,然后有针对性地采取质量控制措施。此外,路桥施工资金投入多,包括原材料采购,施工机械设备租赁和采购,施工人员工资发放等,都离不开资金投入。因此施工单位有必要结合现场实际情况,制定科学合理的预算方案,对资金使用做出合理安排。

路桥施工准备工作需要充分，详细开展现场调查。合理制定施工进度计划，精准计算工期，对施工材料、机械设备和人员做出科学合理安排。确保施工方案科学、合理、全面，使施工单位在施工过程中能有效掌控施工进度，防止出现延误工期现象。此外，路桥施工场地一般比较狭窄，应认真组织施工活动，做好规划和协调工作，增进施工班组配合，确保施工有序进行。要重视新技术和新工艺应用，遵循工艺流程，把握质量控制要点，严格落实施工技术措施；加强现场施工质量控制，让路桥工程建设取得更好效果。

（二）路桥施工的不足

路桥施工质量要求较高，为更好满足车辆通行需要，延长工程使用寿命，加强施工过程质量控制是必要的。然而，部分施工单位所制定的施工技术方案不合理，施工过程质量控制被忽视，再加上未能严格落实施工技术措施，对原材料质量的检测和验收不到位，不注重施工人员的管理培训活动，新技术和新工艺应用不充分，制约了施工质量提升。目前，路桥施工常见问题表现为：施工技术没有得到严格落实，施工过程质量控制不到位，现场管理被忽视，质量检测和验收没有受到足够重视。这些问题的存在，不仅降低工程质量，还可能导致工期延误现象发生，甚至引发裂缝、沉陷、坑槽、钢筋锈蚀等问题[2]。最终加大养护维修难度，导致不必要损失出现，缩短路桥工程使用寿命，因而需要有针对性地采取改进措施。

二、路桥施工的技术

施工技术在路桥工程建设中具有积极作用。如果缺乏施工技术支持，不仅难以保证施工效果，还容易导致质量缺陷发生。为此，路桥施工过程中应认真把握以下施工技术。

（一）基础工程施工技术

路桥基础施工是最为关键的内容之一，直接影响后续施工顺利进行和工程质量。基础施工前要详细调查，参照规范标准制定合理的施工技术方案，科学绘制施工图。完成后加强基础工程质量检测，确保基础牢固可靠，以提升结构稳固性与工程质量。

（二）路基路面施工技术

加强填料质量控制，确保填料满足施工要求。路基施工前开展基础处理，清理垃圾和杂物。然后进行混合料摊铺，合理控制松铺系数，每层厚度在30cm左右为宜。路基采用分层填筑和碾压方式，确保每层压实度合格。路面施工时，要注重填料质量控制，确保含水量合格，按要求开展摊铺和碾压施工。加强路面平整度和压实度控制，提高行车舒适度，预防裂缝、沉陷等质量问题发生。

(三) 钢筋施工技术

加强钢筋质量检测，确保防锈层正常发挥作用，有利于保证施工效果。根据施工规范要求进行钢筋绑扎施工，合理控制钢筋间距。然而进行钢筋笼安放，确保垂直度合格，合理控制位置偏差，尽量降低误差，有效满足施工需要。

(四) 混凝土施工技术

按要求采购水泥、粗细集料、外加剂等，加强质量控制，做好混合料配合比设计与拌和工作，然后准确添加原材料，提升拌和效果，确保混合料和易性与密实度，拌和完成后用自卸车辆将混合料运往施工现场并覆盖篷布，防止混合料温度降低过快。混凝土浇筑要缓慢、均匀、连续进行，做好振捣施工，确保振捣施工到位，提升混凝土密实度。浇筑完成后覆盖土工布进行养护，适当洒水湿润，让混凝土保持湿润状态，保证强度满足要求，有利于提高混凝土施工质量。

(五) 过渡段施工技术

合理进行结构设计，加强软土地基处理，按要求进行混合料填筑，确保路基填料质量合格。采用分层填筑和碾压施工方式，合理设置排水设施，防止雨水下渗现象发生。进而有利于保证过渡段处理效果，预防路基沉陷，防止发生桥头跳车现象，提高行车舒适度。

三、路桥施工质量控制方法

在把握施工技术要点的前提下，为确保路桥工程质量和效益，还有必要采取以下施工质量控制方法。

(一) 加强材料质量控制

原材料质量对路桥工程施工效果产生重要影响。因此，为保障路桥工程建设效果，应加强原材料质量控制。通过提高思想重视程度，将其摆在突出位置。安排专门人员从质量可靠、供货及时到位、信誉度高的人员采购原材料，并详细开展试验检测，准确获取水泥、粗细集料、外加剂等原材料各项指标，确保质量合格。然后安排车辆将其运往施工现场，做好防潮防水工作，使其发挥最佳性能，也为提升路桥工程质量奠定基础。

(二) 提高施工人员素质

注重引进专业基础扎实，技术水平高，认真负责的施工人员，打造高素质施工团队。然后认真开展管理培训活动，采用专题讲座、课堂授课、现场参观学习、经验交流等多种形式，对施工人员进行管理培训活动。进而提高他们综合素质，让施工人员熟练掌握施工技术，把握质量控制要点。施工人员也要增强学习主动性，努力掌握路桥施工技术，把握质量控制要点，严格落实质量控制措施，让路桥施工取得更好效果。

（三）注重施工技术管理

施工技术管理的目的是确保施工顺利进行，促进施工技术在工程建设中得到有效应用，同时在此基础上推广新技术和新工艺，努力让工程变得更经济、更节约。此外在施工中还要不断积累经验，促进施工单位的技术水准得到进一步提升。要以科学的态度对待工程施工，严格遵循技术规范标准，加强施工全过程管理；要全面和详细分析施工技术，对于路基、路面、桥墩、路桥过渡段等重要部位，需要对比分析不同技术方案，选用最佳技术开展工程建设。施工前要做好技术交底和图纸会审，及时改进不足，确保施工任务按时完成，有效提升路桥工程质量。

（四）重视质量检测验收

施工任务完成后进行自检，合格后由监理工程师复检，进而详细掌握路桥工程质量状况，为提升施工效果奠定基础。质量检测和验收是非常关键的内容，必须认真对待，严格按要求开展试验检测，获取准确和详细的数据指标，客观评定工程质量状况。对存在的质量缺陷及时修复，促进路桥工程质量提升。

路桥施工过程中，通过落实施工技术、加强质量控制，有利于推动施工顺利进行，预防沉陷、裂缝、塌陷等问题发生，进而为路桥工程建设质量打下坚实基础。作为施工单位，有必要健全完善质量管理制度，严格落实各项施工技术措施。组织施工人员认真学习，把握施工技术要点，加强质量控制。从而顺利完成路桥施工任务，提升结构稳固性与可靠性，提高承载力，实现对质量缺陷的预防，使路桥施工建设取得更高的质量和效益。

第二节 路桥施工技术对软土地基处理方法

路桥施工技术在不断地发展，明显提高了路桥施工水平，提高了路桥施工项目的质量，给予路桥施工以重要的技术保障。同时，在路桥施工中，软土地基的处理不可忽视，软土基地对于路桥的后续使用过程都会有重要的影响，需要在施工阶段加以控制，做好处理工作，提高地基的承载力和强度，避免路桥塌陷，进一步提高路桥的使用寿命。

一、软土地基的特征

软土地基土层柔软，含水量较高，路桥施工之前不进行处理，会造成后续路桥塌陷，影响较恶劣。软土地基主要是指由软弱土层构成的地基，一般在地下水位较高的地层较为常见，正是由于含水量较高，导致了地基在长时间的使用过程中，强度和承载力都会发生较大的变化，极易在路桥施工中出现地基沉降的问题，严重影响到了路桥施工质量。在路桥施工中，由于软土地基的含水量较高，造成的危害性较为严重，如果不进行妥善的处理，极易造成水分渗漏，影响到后续路桥施工的安全。为了保证路桥工程的施工质量，需要对软土地基进行加固处理，确保软土地基的承载力和强度符合要求，在此基础上，才能保证后续路桥施工的质量。

二、软土地基的施工原则

(一) 自然沉降法

软土地基的处理技术作为路桥施工中的重要环节，在进行处理时要坚持一定的施工原则。自然沉降法就是其中之一。所谓的自然沉降法从字面上就可以理解，它主要就是借助增加荷载预压的方式处理软土层，使得软土在自然稳定的过程中达到路桥施工的要求，进而保障路桥施工的顺利实施。自然沉降法处理软土地基的方式由于操作简单，加之施工后实际的效果好等因素，在路桥施工中经常使用。

(二) 特殊技术处理法

在软土地基的处理技术中，特殊技术处理法也是常用的处理技术之一。特殊技术处理法就是利用一些特殊的技术，例如深搅法、强夯法等来解决软土地基的危害，进而提高土层的承受荷载，加强土层的稳定性。特殊技术处理法在应用时可以根据施工的实际情况灵活的运用，并对路桥工程的要求较低，从而保障软土地基施工的稳定性。

三、路桥施工软土地基处理技术分析

(一) 换填土处理技术

在针对路桥工程之中软土地基实施处理的阶段之中，可以选择运用换填土处理技术，该技术事实上运用的是换填良土的原理，其可以很好地达到降低处理土体的含水量，另外也会进一步的强化土体自身的可塑性。除此之外，运用换填土处理施工技术可以从其他区域来选择土质情况良好的土体，来跟软土区域进行置换，从而来实施改良。另外，在具体处理的过程之中要格外注意以下的几点问题：首先是在换填土的阶段之中，要针对土体的土质实施检测，确保且可以达到换填的要求；其次要针对专门负责设计的部位与从业人员来针对数据实施系统性的计算，要确保数值得精准性，来确保换填土的良性效果；最后在换填的阶段之中，要格外注重实施分层填筑，在完成之后还得要实施分成压实处理工作，在最大限度之上确保路桥地基自身的承载力得到显著的提升。

(二) 排水技术

在一般情况之下，路桥工程在具体施工的阶段之中需要实施必要的排水处理工作。首先需要做的就是合理布置沟槽，另外在设置沟槽的时候，要结合路桥施工的具体地形，值得注意的就是沟槽开挖的深度要和路桥施工的具体情况保持一致，在确定分析周边的水分情况之后，再实施相应的沟槽开挖工作。依据相应的研究表明，假使路桥工程之中软土地基的含水量较高，就必须要加大沟槽的数量，来提升软土排水的效果，在具体开挖的阶段之中，还得注重沟槽的高度，在实施换土处理的时候，要选用一些透水性优良的材料，从而来形成盲沟，来相应的提高排水的性能。

(三) 粉喷桩加固处理技术

在运用粉喷桩加固处理施工之中，要做好施工之前的各项准备工作，要将施工现场之中所需要的粉喷桩设计桩位图、原地高程数据表、室内配比试验报告和工程地质报告准备好；另外则在完成施工准备工作之后，再进行场地的平整工作，将其中的各项杂物予以清除。假使在清理的阶段之中，一旦碰到低洼的场地，那么就必须要实施黏性土的回填处理工作；碰到机械设备不能正常工作的情况，就得要在施工场地之中来碎石或者砂石垫层的铺设工作。假使施工场地相对松软，这会影响到机械的正常行走，相应的要针对其实施必要的试运转工作、试桩的确定。依据设计张之中所规定的配比和具体测得的具体施工参数来确定试桩，试桩的数量适宜控制在4～5根，从而就可以将具体的参数确定出来；选用水泥。在进行粉喷桩施工的过程之中，要选用达标的水泥，且还得要有相应产品的合格证，在经过室内检验之后合格之后才能予以运用。

(四) 敷垫材料技术

该项技术适宜运用在地基土层不均衡、容易引发侧向变为或者是局部不均衡沉降情况的软土地基，运用铺垫材料的拉抗力与抗剪力，来确保施工设备的顺利实施，从而可以更好地控制地基侧向变位与局部沉降的控制，可以在最大程度之上来强化路桥工程的承载力。在具体操作的过程之中，相应施工人员要严格把控填土荷载的大小与宽度，并时刻关注地基表层的强度，这样一来，才可以将铺垫材料填充的科学合理性得以确保，最终促进整个路桥工程结构更加的安全稳定性。

(五) 桥涵通道处理技术

在进行桥涵通道填筑施工的时候，要和路堤施工同步实施，这位之后的开槽施工提供十分有利的条件。在桥台前后要优先运用优质土或者是沙砾材料来实施填平，可以直接性的来强化桥台的安全稳定性与承重力。运用超载预压的方式来针对人工构造物实施，在提升固结速率的形势之上，来保障路桥运行之后自身的抗沉降力。在针对通道和涵洞的构造实施设计的过程之中,要进行钢筋混凝土混合的箱式结构来进行设置,并在此形势之上,来扩大地基基础,这样一来,不但可以保障路桥工程的质量,还可以缩减成本造价。在施工工期不宽裕的软土地基施工之中,要选择运用真空预压施工技术,该项技术可以进一步地提高软土路堤沉降的速度,来全方位的强化地基的承载力,但是该项技术运用的成本造价相对较高,在具体运用的过程之中,会受到外界温度因素的影响,因此务必要依照施工的具体情况,来选择相应的桥涵通道处理技术。

总之,结合以上阐述,提高了对于软土地基施工的认识,作为技术人员,要不断进行实践探索,要有效地结合施工实际,不断提出更加完善的技术措施,从而才能迎合时代发展,进一步保证路桥施工技术水平不断提高,希望分析能够为相关技术人员提供有效参考。

第三节　高寒和多年冻土地区路桥施工技术

社会不断发展的今天,国内的多个行业都突飞猛进的发展,交通建设工程也不例外。在我国,越来越多的偏远地区,交通建设工程不断被发展壮大。对于高寒和多年冻土地区,路基工程和桥梁工程的施工相当重要,无论是施工方案,还是劳动力组织方面,都是施工过程所需注意的重点,尤其对于不良地质所需采取的技术措施,更决定整个工程的质量。

一、高寒地区和多年冻土的含义

高寒地区是指平均气温都在零度以下,且连续半个月的气温都为-20℃的地区。高寒地区大都集中在东北地区,以及西部高原地区。

多年冻土也有永冻土之称,它指的是温度在0℃度或0℃以下的土,且土中含有冰,土层持续了超过三年的冻结状态。多年冻土一般集中在我国的内蒙古和青藏高原地区,此外黑龙江的大、小兴安岭北部和西部高山地区,也是出现多年冻土的集中区域。

多年冻土出现不良冻土的现象有很多,其中包括冻胀丘和冰锥,还包括厚层地下冰以及冻土沼泽等。

二、高寒和多年冻土地区施工总体方案

(一) 施工准备

1. 设计文件审核和地质勘查

设计文件的审核,涉及多年冻土的各个方面,其中包括多年冻土的类型、分布以及属性,还包括多年冻土的构造、成因以及地温等,此外还涉及多年冻土的上下限、冰锥以及

浆胀丘等，热融湖和冻土沼泽等方面也在设计文件审核范围内。在进行施工时，冻土现象发育地段，以及冻土条件复杂地段是工程地质的勘察重点，此外重点工程也是冻土工程勘察的重中之重。

2. 现场调查

对当地进行详细的调查包括对当地施工条件和自然环境的了解，比如现场水电方面等；对于现象气候条件的调查，需定期与当地气象部门联系，以此对当地气候进行深入了解。

3. 做好冬季施工准备

对于冬季期间施工，需做好相应准备工作。例如，施工人员和机械设备的保暖问题，同时还要针对设计文件要求，制定相应的冬季施工计划，合理安排工程项目，并提出相应施工措施；工程的冬储冬运工作，也是工程的重要环节，必须重视取暖和地产料的运输，以此满足来年春天施工需求；入冬之前，必须对保温材料进行认真调查，并制定相应的采购计划。

4. 做好防排水系统

施工期间，防排水系统和水源是十分重要的，尤其是对夏季和冬季的施工，其水源问题更是重中之重。

（二）施工技术措施

1. 桥梁工程

在高寒地区和多年冻土地区开展桥梁工程，需要对多年冻土特性进行深入调查，比如当地的气温和低温以及水文条件等。看该地区是否出现过不良物理地质现象，或者曾经是否有过不良工程现象，如有必要，可以对工程地质进行钻探，对该地区进行针对性施工。

首先，以不破坏多年冻土的原则为设计前提，在冬季期间，采取冻结法对桥涵的明挖基础进行施工，对于钻孔灌注桩的施工，也应在冬季进行，它可以通过低温早强的方法，或者是负温混凝土灌注的方法实现，而钻孔打入桩和插入桩的基础施工，没有季节限制的。

其次，必须满足容许融化的原则设计要求，冬季期间的施工，比如大、中桥的基础施工，以及埋深较浅的小桥和涵洞基础施工，都可采用冻结法。条件允许的情况下，基础施工也可在其他季节进行。

最后，对高寒地区进行施工技术总结，对于冬季期间的结构物圬工施工，需要注意几个问题，比如对热工的计算、抗冻砂浆的配制等；如果室外温度没有低于-20℃，是不能进行钢筋冷拉工作的，焊接工作只能在室内进行；此外，对于原材料的加热，其水温有一定的要求，通常水温不能超过60℃，而粗、细骨料的温度不能超过40℃；进行混凝土拌和时，要先对骨料和水进行拌和，待拌和温度为40℃左右时，再将水泥加入进行搅拌，水泥要放在暖棚中且不需要进行加热。通常，拌和时间必须满足常温施工时间1.5倍的关系，混凝土的运输不能相距太远，必须对其进行保温。

2.路基工程

进行路基工程施工之前,要充分了解设计意图,同时还要调查整个工程的地质环境。通过对多年冻土出现不良地质现象情况的了解来对该地区路基的病害情况进行深入分析,了解路基是否出现过冻害、冰锥以及冰丘等问题,然后根据路基的病害情况,对环境采取相应的保护措施,以此确定合理的施工方案。

首先,采用保护多年冻土的设计原则。线路大都是按路堤的方式通过,在进行路堤基地处理时,不会对地表面和植被造成破坏,然后通过采取综合保温的措施,使路堤填高超过最小临界高度,保证填筑土方后的路堤基地依旧是上限,然后在路基两边设立排水沟,以便将积水排出,进而保证多年冻土不会出现融化现象。通常,为了对多年冻土的路堤进行保护,大都将路堤做成通风和土工格栅的形式。

其次,破坏多年冻土的方案。大都应用在多年冻土的不稳定地段,且这些低段的填高都不大于最小临界高度。对于无法将积水排出的低洼地段,一旦通车后,地表周边的植被将被破坏,为了保护地温,通常采用换填细粒土的方法,若要实现保温和利于排水的双重效果,则需采用换填渗水料的方法。对于破坏多年冻土施工而言,冻土融化是最大的问题。

最后,重要的防、排水系统。不论是路堤施工,还是路堑施工,防排水系统都是相当关键的环节,同时相应的保温互道也是很有必要的,此外还需采取相应的边坡防护措施。防排水系统的设置,需根据实际的地形情况,以及合适的季节来确定。它包括排水沟、侧沟以及渗沟等,对于容易形成积水的地段,还可以设置泄水坑,气候条件对防排水系统的设置是十分重要的。

(三) 劳动力组织和机械配置

在高寒地区和多年冻土地区施工,必须将季节性因素考虑在内,同时考虑该地区是否会影响劳动力和机械的配置。除考虑正常施工所需的数量,还要将多年冻土地区的机械配置考虑在内,包括夏季和冬季物资所需的运输工具等。

(四) 环境保护问题

环境保护,是施工阶段重点考虑的问题之一。对于冻土工程的环境保护,要充分结合施工阶段的地质勘查情况,避免重复工作。进行施工时,不能对周围的环境造成破坏,同时不能将施工用水渗入到地下。对于一些重要的建筑物施工,要严格对施工过程进行监测。对于多年冻土地区,不管是取土还是弃土,都要做好冻土地质环境的保护工作。

对于高寒和多年冻土地区,如要对这些领域进行更好的开发,施工单位必须加强对工程的管控力度,将工程建设打造成人人满意的工程。同时,施工企业必须持有良好的企业精神,始终秉着一切为人民服务的崇高宗旨。

第四节　路桥施工技术与安全管理

当前，随着城市化进程的不断深入，路桥施工的数量越来越多，质量要求也越来越严格，但也对桥梁事业的要求上也提出更高的标准，不仅要满足外出游玩的人们的审美要求，还要完成安全性能的达标检测，保障行驶车辆的安全性。因此，相关人员必须就这一问题进行深度的研究，找到可以改善路桥工程施工技术与施工安全的管理策略。基于此，文章就路桥施工技术与安全管理进行分析，以期能够提供一个借鉴。

一、路桥施工技术与安全管理的基本内容

路桥施工技术与安全管理一直是道路与桥梁施工最重要的一项工作，管理内容包括施工人员、建筑施工的质量、建筑施工材料、建筑施工设备等。道路和桥梁的相关人员在制订施工技术与安全管理方案时，一定要依照相关法律法规制定，并且必须根据建筑施工的实际情况制订出合适有效的管理方案。只有这样，才可以使施工人员按照相关规定进行施工，使建筑工程的质量得到保证，避免安全事故的发生。

二、公路桥梁施工技术要点分析

（一）路面基层施工技术

工程管理人员要做好施工材料的准备工作，并加强对施工材料的质量监管，避免施工材料质量不合格导致的工程问题；监理人员也要对施工材料进行定期和不定期的抽查，确保其符合相应的施工标准；施工人员要对标高进行严格控制，确保基层质量和基层厚度符合设计要求。管理人员和施工人员要认识到路面基层施工对道路施工质量和交通的重要影响，采取相应的措施减少路面基层施工导致的交通问题，并做好后期养护工作。

（二）路基施工技术

管理人员在路基施工技术管理过程中要认识到基础工程建设的重要性，重视对路基的碾压，确保其压实度符合相应的工程施工标准。技术人员和施工人员要结合具体的工程施工情况选择合适的施工设备按照相应的流程对路基进行碾压，避免路基施工不合理引起公路桥梁施工过程中的跳车。

（三）桥梁施工技术

监管人员要从全局出发对桥梁施工技术进行监管，对施工的各个环节进行把控，在监

管过程中发现问题要及时解决，避免问题解决不当导致整体工程出现质量问题。同时，也要重视对模板工程的处理，模板支力前要进行相应的校正和除锈工作，支立完成后要用脱模剂进行脱模处理。施工人员必须依据相关的施工标准进行模板的安装，确保模板安装的合理性。相关技术人员也要采取相应的措施对模板缝隙进行处理，确保混凝土浇筑工作的顺利进行。

三、影响路桥施工技术和安全管理的因素

（一）人为因素

在所有的工程施工的过程中，人为因素都会对工程施工的技术和质量产生影响。因为每个人所接受的教育、文化、社会底蕴不同，处理事务的能力也不尽相同，例如在施工过程中的管理和判断就因为施工人员的素质不同而会产不一样的结果。所以，在施工人员的选择上就要遵从有素养、高素质等原则，保证在施工人员这一环节不出纰漏。

（二）施工材料因素

路桥施工属于众多工程施工工程的一种，施工材料是施工工程的物质基础。只有打好这一基础，才能更好地保证路桥施工技术和质量控制的有效实施。施工材料的选择上要坚持不偷工减料、不使用违禁替代品、不使用过期建材等原则。路桥施工材料相较于其他施工工程来说具有种类少、数量大的特点，尤其在大剂量的选材方面更要注意材料的质量问题，这些都直接关系到路桥工程的质量。

（三）施工设备因素

路桥施工设备同时施工材料一样，都从物质基础上反映了想要保证路桥施工技术和质量，就必须要在这严格把关。使用过旧的施工设备不但会延误路桥施工的工期，还会对路桥施工的质量造成影响，施工设备中所产生的严重误差甚至会造成人员伤亡或工程损毁。路桥施工设备对比其他的施工工程设备而言体积较大，需要注意设备的承重能力和平时的存放保管。

（四）施工方案因素

俗话说兵马不动、粮草先行。施工方案的制定对于路桥施工技术和质量控制措施的实施也有着积极的影响。随意而错误的施工方案不仅对于施工工期是一种延误，也缺少当下如果发生意外事故的处理手段。正确的施工方案如同总揽大纲，为路桥施工指定了明确的方向。

四、提高路桥施工技术及安全管理水平的措施

（一）施工技术管理

1.施工原材料的质量控制

施工原材料是影响施工质量的重要因素之一，原材料的好与坏将从很大程度上制约着施工质量，对施工质量起着决定性的作用，从这一层次上来看，加强施工原材料的质量控制是十分有必要的。

砂、石等施工原材料的质量控制主要体现在含泥量的控制上，按照合理的过程标准来看，路桥施工过程中的碎石含泥量不得高于2%，而砂石中的含泥量则不得高于3%，如若超过了这个标准，那么将会对整体工程的质量带来危害；除了严格控制砂石的含泥量外，还需做好骨料质量的控制工作，而骨料最主要的是做好含水量的控制，因为骨料含水量的变化将从一定程度程度上决定着混凝土的强度。这也就决定了在选择骨料时，应尽可能地选择那些含泥量低，热膨胀系数相对小的骨料，最后，建筑施工单位还需做好混凝土的控制工作，保证施工过程中混凝土的规格是达标的，混凝土质量规格的保证，有助于从整体上提升建筑工程的质量。

2.制定科学合理的施工计划与方案

无论是大型的路桥施工工程，还是小型的路桥施工工程，都必须制定一套科学合理的施工计划与方案，方便后续工程的开展作业。需要我们深刻意识到的一点是一份科学、合理的施工计划与方案，是保障工程质量的重要基础。长期的发展实践表明，如若一项工程在开展之前未制定科学、合理的施工计划与方案，那么这项工程的质量将很难得到保障。一套科学、合理的施工方案，不仅能够有效避免工程施工过程中出现的问题，而且还能够从一定程度上确保工程的质量，为施工单位带来极大的经济效益与社会效益。因而，建筑施工单位应充分认识到施工计划与方案的重要性，在合理制定方案的同时，还需按照方案一步一步地进行。

3.利用现代化技术进行质量管理工作

现代化技术的不断发展与更新，为路桥的建设工作做出了突出的贡献，因而在路桥的施工过程中，我们应充分利用现代化的技术，将路桥的施工技术与质量控制工作与现代化的技术密切结合起来，进而为保证施工质量标准提供重要的科学依据。

（二）桥梁施工安全控制的技术要点

1.项目参与人员的安全控制技术

项目参与人员包括了施工现场的操作人员、技术人员、管理人员等员工。项目参与人员的数量较多所以产生的不安全行为也随之增多。所以，施工单位应及时有效的采取具有

针对性的措施来保证安全生产的顺利进行。要及时针对新来工人及技术人员的进行安全技术交底与进行"三级教育"的培训，杜绝无证上岗，要让每个人做到遵从"安全第一、预防为主、综合治理"的原则。

2."物"的安全控制技术

所谓"物"，是指在桥梁施工中的动力以及机械设备、用电、施工工具等，桥梁施工中所涉及的大量机械设备如果操作不当，就会出现非常危险的情况，还有用电方面的电线老化、随意连接线路等等，都会造成严重的安全隐患，而"物"的安全控制技术，就是施工安全必须严格执行控制目标。我们在施工中必须对"物"的使用要严格按有关标准、规定、规范进行使用、检查、更换、储藏、堆放。

随着现代社会经济的快速发展，路桥的建设速度在不断加快，加强路桥施工的技术和安全控制措施能有效提高施工效率和施工完成质量。因此，在实际的工程中，应当落实施工技术，并且加强工程的安全管理，从而提高施工水平。

第五节　三维动画与路桥施工技术传承

为探索 3DCG 动画技术在施工技术传承的实际应用，通过对样本工法技术进行分析，针对水夯帮宽加固路基施工工法，设计了一套动画制作的流程，形成思路。将整个流程划分阶段，综合运用多重软件，解决了以往施工企业新员工入职后，所学知识与现场施工脱节的问题，为后续员工技术交底提供了案例启发和技术示范。

一、动画在施工中的应用情况

(一) CG 动画概述

CG 动画即为 Computer Animation（计算机动画），是指借助计算机绘制动画的技术，其借助计算机模拟空间信息，及模型物体运动，最终实现动画效果，具有表现清晰，直观易懂，效果真实的特点，通常分为 2D 动画与 3D 动画。

(二) 2D 动画与 3D 动画的优势简单分析

2D 动画采用平面模型，没有复杂的纹理，故视觉上更为简洁，容易突出主题，但是对于模型构件的细部无法深入了解。

3D 动画可以再现施工场景，逼真的还原工程项目周边环境、设备、结构物等现场实际情况，使观者可以有一种身临其境之感。但是相对于 2D 动画而言，其建模复杂，制作费用高，制作周期长。本节主要从3D动画着手。

（三）CG动画对施工技艺传承的优势

传统的技艺传承需要消耗同事大量时间去消化大学中学到的理论知识，与现实结合，理解施工图纸信息等等。

而通过观看浏览工序施工动画，可以极快的了解整套工序，每一步要做的目标，达成条件等等。

（四）CG制作软件

单纯的3D动画软件有3DS MAX、MAYA等等，涉及BIM后，更是有Microstation、Revit等软件。

二、实际工程中的应用过程

（一）前期规划及准备

确定设计方案以后，需要项目组成员反复讨论、沟通，最终拟定出动画剧本。根据该工法的施工流程，从动画设计角度可划分为8组镜头，每组镜头表现施工过程中的一个环节。按照重要程度在时间上分配镜头时间，如在设置透水软管、撼砂注水、机械振捣夯实等。在画面表现上，根据不同的工作进程，灵活采用了摄影机拉近、推远，以及俯视、平视、仰视等不同视角，以表现不同的场景和对象。总之，整体规划体现出主次分明、重点突出、灵活表现的设计思路和风格。

（二）场景搭建

首先根据工法中的施工流程提供的信息，参照最后部分的示意图，以真实尺寸在3D空间内搭建设计模型（包括机械设备、填筑材料、道路结构层、结构物）。

（三）绘制模型材质及贴图

建立好模型之后，我们需要根据不同属性的物体，赋予模型相应的贴图及材质，以符合后期实际渲染的需要。

（四）镜头路径及分镜设计

镜头设计的决定了你制作出最后成品动画的观感好坏。针对公路工程，我们可以从以下几个方面设计镜头语言。

机械，按照施工流程中所涉及的机械设备为其设计一个通览镜头效果。

工程地质概况：以旋转围绕的方式，对施工前工程地质状况做简要飞行。

（五）生长动画设计

生长动画优势在于展示全貌，在现场施工过程中，生长动画可以让人很好地理解复杂结构物的建立过程，从无到有清晰的解构来龙去脉，从而颗理清清施工工序，所以理清工序操作流程，对于制作工程生长动画来说尤为重要。

以示例为例：首先进行机械挖槽，然后用振动夯对基底整平、夯实。

由于要实现生长动画，所以模型的运动部位需要精细化，比如上面提到的机械挖槽部分，挖掘机铲斗及动臂就需要精细建模（特写）。

挖槽：按照节奏设定贴图模型从上至下消失。在软件中我们分别对其中每一关键帧 K 设置，对透明度、颜色、材质贴图等变化做好记录，实时渲染单帧，确定是否达到了自己所要的效果。

夯实：所涉及的机械为平板振动夯，在土层被铲斗"挖除"后，设置振动夯上下振动，直观展示此道工序内容。

（六）后期合成与编辑

将渲染输出的动画以 TGA 序列图片格式导入到 After Effects 软件中，新建合成组后，设置好参数，然后将序列图片动画导入合成组，最终渲染生成完整视频。后期根据需要用 PR（Adobe Premiere）为视频添加旁白解说，在合适的位置添加文字说明，背景音效以及各镜头之间的转场效果等等。

（七）整体 3D 模型的深入应用

基于三维模型，在施工方案的成立前，可以使负责施工组织编制的专业施工人员对有交叉施工的地区的真实情况，有一个直观的了解，提高工作效率和施工方案准确性，降低返工率，在实际施工时可以避免因施工方案中不允许的失误性和交叉作业的影响和安装的问题，以及其他缺陷的安全风险，这样我们就可以缩短施工周期，降低施工返工，又提高了施工质量和安全。

3D 动画模型在实际的施工中也是必不可少的，在技术交底施工前可以更直观、更清晰、更准确的表达内容，帮助施工人员了解设计意图及施工方案要求，受交底人员可以减少对设计意图和施工方案的理解，提高施工质量和安全。

本节基于水夯帮宽加固路基施工工法动画实际项目，对施工企业三维动画制作思路与流程进行了研究与探索，将 CG 动画制作的过程分为前期规划、中期制作和后期合成三大阶段，以 3D MAYA 软件为核心，并综合运用 AfterEffects、Premiere 等多种软件，探索出了一套效果良好并切实可行的一套工法动画制作流程，制作出了长约 1.5 min 的动画短片，对企业今后对新员工技术培训、指导传承等方面起到了至关重要的作用。

第六节 路桥施工技术的管理与改进措施分析

随着我国经济的高速发展，对公共交通的建设，尤其是对路桥施工建设提出新的发展要求，建设单位一定要深入改革现有的路桥施工技术管理模式。文中先讨论路桥施工技术管理中存在的问题，然后从施工人员的管理、路桥施工技术、质量管理监督体系来分析解绝路桥施工技术管理的解决对策。

公路桥梁作为我国公共交通枢纽中的重要组成部分，基于其对国民生产和生活带来的交通上的便利，极大地促进了国内经济发展，公路桥梁和路桥施工建设也受到了广泛的关注和重视。虽然近些年路桥施工建设取得了一些成绩，但随着路桥施工技术的不断发展和各行业发展对公路桥梁提出的新需求，也都说明路桥施工技术的管理和探索决不能停滞不前，面对新形势下的新问题，一定要迎难而上，从失败的路桥建设项目中总结不足，从中寻找改进路桥施工技术管理现状的方法。

一、路桥施工技术管理中的问题

（一）缺乏科学的施工进度控制

在一段完备的路桥施工建设项目时间中，由于前期准备工作时间过长，可能造成实际建设工期被压缩的很短，施工单位为了如期完成项目，施工过程中难免会与施工进度不一致，出现施工不细致、技术不严谨、管理不全面的情况，当施工中出现难以预计的小概率事件时，施工进度会受到严重影响，最终给施工单位带来不可挽回的损失。

（二）施工技术进步缓慢

在目前的路桥施工中，存在着很多棘手的、可以进行深入钻研的问题，比如路桥设计方案过于复杂，路桥施工建设得的地质、地形的特殊性，路桥施工建设得的交通闭塞等，所以必须要在施工过程中采取恰当的技术方案来予以解决，但眼下的有限的施工技术水平不能满足建设需要，许多一线的施工人员掌握的前沿技术很少，就使得施工难度加大，最终造成施工进度和质量都受到影响。

（三）施工质量监管力度弱

目前的路桥施工建设质量有很多不尽如人意之处，一旦出现工期不足或是施工难度大的时候，为了保证施工进度，难免会放松对施工质量的监督，在很多项目质量监督制度不健全的情况下，就很可能出现以次充好或偷工减料或欺上瞒下，或是在路基施工中忽视了对路基承载负荷和抵抗地面变形的能力的监督，或是忽视了对地基的平衡稳定和水温稳定性的监督，或是在路面施工中，忽视对路面表面性能、强度的监督，或是忽视了对路面稳定性和耐久性能的监督。这些行为均会导致公路桥梁施工质量不佳的，使施工单位的声誉受到不良的影响。

二、改进路桥施工技术管理中现存问题的对策

（一）加强对施工人员的管理

人员是贯穿在路桥施工建设始终的一个核心因素，无论技术如何精进，设备如何更新换代，都离不开人的作用，所以提高对施工人员进行管理，就等于在提高路桥施工企业的整体水平。从施工人员个体角度上讲，施工单位要加强职工施工能力、技术水平、责任意识、安全意识、团队意识、创新意识的综合提升，要对类似的培训予以重视，这样由点及面，能给整个单位内部带来持续的生产力和创造力；从施工单位的管理制度上讲，建立岗位责任制度和奖惩分明的绩效考核制度，向工作要效益，向员工讲责任，这种模式能改善对施工人员的管理。

（二）路桥施工技术问题的改善

要在建设单位明确技术管理的重要性，要把技术管理工作予以责任化，使基层职工都能在施工中严格把控技术关，加强监测工作，在筋位置抹灰的设计、初始裂痕的处理、混凝土强度的提高上多加检查。

施工技术还要重点关注桥梁结构的平稳性和安全性，而很多桥梁又是混凝土结构的，所以施工技术可以从防范混凝土裂缝的等级入手，在采购阶段要考虑到国家对建筑材料的要求，选择质量更高、等级更高的混凝土，制定水灰和水泥的比例，还可以从施工中对混凝土振捣方式和防护层厚度进行技术审核，在混凝土的技术处理上也要把握技巧，其次要考虑到水泥的强度和凝结时间来配比混凝土，在浇筑混凝土时要保证防护层的厚度防止变形，最后要考虑到混凝土的养护要达也要达到国家标准。保证对混凝土的施工的质量，这样从技术方面同时对混凝土进行管理，能有效提高桥梁的架构质量和使用寿命，节约后期工程维护成本。

施工技术还要重点关注公路的路面，在施工工作开始前为了保证路面的质量和耐用度，要先调查施工道路的车辆通行次数、施工当地的自然环境，在充分考虑到车辆荷载力对桥梁造成的压力和自然天气变化对桥梁材料造成的老化磨损情况，制定有针对性的路面施工技术方案和排水系统技术方案，以路面的平整度与粗糙度的最佳配合结果为导向，争取建设出最佳通行体验感受的路面。

施工技术还要重点关注桥梁的超负荷工作导致的桥梁老化加速问题，由于桥梁在当年设计和施工的时候，技术水平不够成熟，再加上国内经济和交通的大幅发展，桥梁的超负

荷运行已经持续多年并愈发严重，这种情况给建筑单位后期维护和改善工作提出了技术难题，要引起技术层面关注。

加强对前沿施工技术的引入力度，要敢于在路桥施工技术领域创新，路桥施工建设必须要向高科技靠拢，虽然尝试引进和实验新的施工技术会付出机会成本，但是一旦新技术走向正轨，必然会大幅提高施工效率和质量，可以节省许多人工时费用、机械费用和管理成本，也会减少很多人工操作的漏洞，减少许多质量监督的环节，实现路桥施工的规模化和批量化，同时还要督促施工人员对前沿技术的学习和培训，提高和优化使用施工设备的能力。比如可以使用机械设备打通台背位置的路基，再用石灰土灌注，这样方法建造的桥头质量得到保证。

（三）建立严谨的质量管理监督体系

要在施工建设开始前就建立出质量管理监督体系，或是完善已有的监督体系，坚持在源头解决问题，尤其是一套严谨的、科学的、行之有效的项目施工质量管理监督体系对从制度上保障路桥施工质量有着积极的作用。剩下的工作就是如何在项目施工过程中适时的使用质量管理监督体系，可以对施工进度、施工技术指标、施工方案、施工质量检查、竣工验收等进行多层面的质量监督。尤其是可以用在材料和设备的采购、入库、保管、发出等环节监督管理上，在材料入库前，一定要对材料的质量进行实地审核和把关查看是否达到国家质量标准，查看是否配有厂家的合格证和检验报告；对于机械设备的管理也要制度化、经济化，保障设备的作业质量，还可以安排专职监督人员进行质量检查，对不达标的各项进行跟踪排查，直至整改完毕，还可以对施工人员进行施工质量意识进行培养。

由此可见，质量监督体系使用的范围越大，有效使用监督体系的能力越强，就越能在施工单位中发挥出质量管理监督体系的作用，达到提高项目施工建设质量的目标。

第七节　水泥搅拌桩在路桥施工技术的实践

水泥搅拌桩在路桥建设中得到广泛应用。随着我国经济现代化的发展，路桥工程的建设和发展逐渐被提上议事日程，这对路桥工程的质量和管理以及水泥搅拌桩提出了很高的要求，在道路桥梁工程中占有重要地位。基于此，要深入探索相关技术措施，有效地进行技术实践与创新，从而才能保证技术运用的科学性，进一步为促进路桥施工工作顺利开展。

一、水泥搅拌桩的工作原理

水泥搅拌桩在软土地基的施工中得到了广泛的应用。其工作原理是用水泥浆作固化剂，混合器钻头用于深入地基。通过这种方式，水泥浆可以分散到土壤中，并与软土混合，水泥浆与土体之间会发生物理化学反应，使软土硬化，最终形成坚硬稳定的水泥桩，水泥搅拌桩提高了地基的强度，同时也使软土固化。工程中使用的硅酸盐水泥主要化学成分为二氧化硅和三氧化铝，遇水后会发生一定的化学反应，在反应中形成的水合物溶解在水中并暴露水泥颗粒中的化学组分。这些组分能迅速与水反应，反应生成的化合物将再次溶解在水中。反复反应后，水泥搅拌桩的强度将逐渐增大。

二、施工中水泥搅拌桩技术的应用

施工单位需要切实提高施工人员的技术，对施工过程中的每一个环节进行严格的把控，在相关的规范要求下，使施工质量得到切实有效的保障，对公路经济的发展做出积极有益的贡献，促进公路事业的健康稳定发展。

（一）施工准备

目前水泥搅拌桩在公路软基处理中最常用的施工机械主要有钻机、粉浆机及压缩机。水泥搅拌桩成桩的主要机械就是钻机，这种机械的主要应用功能为动力大、操作方便、能在速度不同的情况下进行均匀地正向钻进或反向提升，同时还可以全方位地自行移动。

在确保施工现场场地的平整度是符合标准后，应根据设计的具体要求来标出搅拌桩的具体位置，其误差必须是要小于2cm的，同时准确的测量出场地的高程，并以此为依据计算出喷浆和停浆的标高。

（二）桩机就位

确定桩体的位置时应严格的遵循施工的设计规范要求，借助于全站仪和经纬仪等设备来确定好每一根桩的桩位，并对其进行认真的复核，确保其误差是在正负5厘米的范围内的。在搅拌桩机到达指定位置后，便可以开始施工作业，应先检查施工现场的实际情况，确定没有问题后才可以移动桩机，应及时的调整钻杆和地面的垂直角度，其误差应在1%以内。

（三）水泥搅拌和

钻机就位并对正桩位，保证桩机机身的垂直度和平整性，之后将主电机启动并钻到设计要求的位置深度，同时后方也应开始制浆作业，制备完成的水泥砂浆是不可以进行离析作业的，应将注浆的压力控制在0.4MPa～0.6MPa的范围内。建议设置两个水泥浆池，一个作为泵送池，另一个则主要来控制配合比，施工现场应安排专人来记录水泥和掺和剂的用量、浆液的罐数以及泵送浆液的时间等参数。用油漆在拌浆桶上标记好水位线，并进行现场技术交底，当水位到达之前标记好的水位线后，所加入的水泥量实际上就是所设计的配合比了。

(四) 水泥搅拌桩采用四搅四喷成桩的施工方法

搅拌机的钻杆与桩位应是垂直角度的，计转轴的中心应位于刻度盘的中心，准确的计量搅拌桩的深度，并保证每一台施工设备都具备良好的性能。第一次钻进：在喷出浆液后应立即启动搅拌机，其钻进速度应小于 1m/min，转速应在 60r/min 左右，沿着顺时针的方向边钻边喷浆，当达到了设计要求的桩长后继续喷浆 30s，之后再沿着逆时针的方向开始搅拌喷浆的作业，直至达到设计的桩顶位置。第二次钻进：与第一次钻进的方式相同，当复搅喷浆到达了设计要求的桩长后，沿着逆时针方向喷浆到设计的桩顶标高位置处并继续喷浆 30s 后停止作业。经过这两次循环钻进成桩后，实现了水泥浆液在桩孔内的四次成桩。

(五) 桩机移位

进行完上述作业后，应先将钻头提出地面，设备相机关机停电，相关人员需要将施工数据完整地记录下来，为后续工作提供准确的数据支持，之后便可以将桩机移到下一个孔位了。

(六) 检测

水泥搅拌桩成桩七天左右，将桩头浅开挖约 1.5 米，对搅拌桩的质量进行检测，同时采用触探仪对桩体直径进行测量及质量进行检测。水泥搅拌桩成桩三周左右时，芯样位置控制在桩径 1/4 处及桩长范围内，并对桩体的完整性等进行有效检验，芯样的无侧限抗压强度要与设计要求相符合，将芯样取出后采用水泥砂浆灌注将孔洞进行封闭。

三、水泥搅拌桩施工质量控制

为保证水泥搅拌桩技术能够达到理想的效果，必须依照规范的施工步骤，对每一个施工环节，每一道施工工序进行严格的控制，实现良好的经济效益和社会效益。具体来说，可从以下几个方面进行：

第一，控制持力层质量。一般来件，控制桩体进入持力层的深度为 50cm 以内，避免深度过大带来的不良影响，如果底部的压力较大，渗入水泥浆会出现较大的困难，不能形成底部桩，桩的长度将不能达到规定要求。底部的黏土和亚黏土较多，在带浆情况下，由于土质较硬，很难钻进，影响施工效果。然而，如果不带浆进行下钻，会使钻进的效果大打折扣，出现错乱的现象，在压力过大的情况下，使桩没的水泥浆向外溢出。在水泥搅拌桩施工中，下钻喷浆应用的非常广泛，当进入持力层的深度过大时，为防止出现堵管现象，必须使喷浆工作持续进行，保持底部钻进的匀速进行，保持底部水泥浆的用量处于合适的范围内。

第二，对设备进行编号。使钻机的显眼位置上悬挂现场技术员、责任人的标牌。钻进施工正式开始前，需要对管道进行详细的检查，如果有异物需要及时进行清理，避免出现堵塞现象，保证管道的畅通，在此基础上进行下沉作业。另外，需要将吊锤悬挂在主机上方，将桩体垂直度的偏差值控制在最低值。

第三，使桩体搅拌处于匀速状态。在桩机钻头上焊接6个以上的横向搅拌刀片，在每一个横向刀片上焊接2~3个竖向搅拌刀片，在桩机井架正面和侧面悬挂大于2kg的垂球，避免出现桩机倾斜的现象，使桩体的底部能够得到准确的检测。

第四，使相符合，使每根桩的水泥浆量得到充足的保证，实现水泥浆的配合比符合设计需求。在桩长相同的情况下，单根桩所需的水泥浆可以通过一次或者两次拌制完成；在桩长短的情况下，拌制可以分为2~3次进行，可以在水泥浆罐的罐壁上焊接深度刻度线。

新时期，在路桥施工工作开展过程，水泥搅拌桩在路桥施工技术中的应用越来越广泛，这就需要相应的施工人员及专家在实际的工作过程中不断进行实践探索，实现对水泥搅拌桩技术的不断提升。通过进一步阐述，希望分析能够不断提高工作认识，从而有效地促使水泥搅拌桩技术不断发展。

第八节 路桥工程施工中几种常见的路桥施工技术

路桥工程由于工程量大、专业知识多、覆盖面广泛、施工要求严格，在实际使用当中可能遇到些许问题，而解决这些问题对发挥路桥工程效益有着重要意义。想要解决路桥工程施工质量问题，还需要质量监督管理部门强化管理工作，同时参建单位要提升自身责任感，保证最终的工作质量。在原材料采购、机械设备使用时，必须要确保材料性能、设备性能达到标准，保证材料覆盖面积和施工厚度能够满足路桥工程的整体需求，避免出现表面不平、厚度不足等问题，保证工程整体质量。这就需要在施工当中，掌握路桥工程各项施工技术，抓住每个施工环节的质量掌控要点，从而确保整个路桥工程的效益。

一、路桥工程概念与基本内容

（一）概念

从严格意义上来说，路桥工程作为土木工程中的一个分支学科，是指关乎公路、桥梁的综合性工程，主要包含对路桥工程进行勘测、结构设计、路桥施工、工程保养、经营管理等等。随着我国"十三五"规划的开展，我国各个地区都在发展路桥工程，国家也给予了大力支持。此外，新时期下，交通工业、物流工业发展到了新的阶段，这也为路桥工程建设与发展带来了良机，无论是国外的运输项目发展，还是国内的城乡一体化，都为路桥工程建设带来了有利条件。

（二）基本内容

路桥工程涉及范围非常广泛，作为一项综合性工程，其施工重点包括混凝土施工、过渡段施工、预应力施工三个方面，还可以细划分为路基、路面、隧道、涵洞等。这些施工内容环环相扣，相互联系，如果一个施工环节出现了质量问题，会直接影响整个工程的质量，因此，在实际施工当中，要严格按照设计标准展开施工工作，并加强质量检验工作，这样才能够确保路桥工程的最终完好。

二、路桥工程施工中常见的施工技术问题

路桥工程施工结构十分复杂、质量标准高，所以在施工中可能出现某个施工环节的质量不达标，解决这些问题对保证路桥工程效益有着重要意义。路桥施工质量关乎着行人、行车的安全性，如果缺乏质量管理意识，会存在诸多的安全隐患。路桥工程施工中常见的技术问题表现在：

（1）路桥工程强度、刚度不达标，从而产生断裂、渗透等问题。

（2）填充不足导致路面不够完整，均匀度失调，在过渡段出现跳车问题，严重会发生安全事故。

（3）钢结构出现锈蚀，结构整体遭到破坏，影响了工程使用寿命和使用安全。

所以，需要认识到路桥工程施工中具体内容以及产生原因，更好的解决路桥施工中的施工技术问题，为确保路桥工程效益提供强有力保障。

三、路桥工程施工中常见的施工技术与实施要点

（一）混凝土施工技术

混凝土施工技术是路桥施工中的基础技术之一，对保障工程整体质量有着重要意义。在应用混凝土施工技术当中，需要采用高强度混凝土浇筑工程，提升路桥工程结构以及路面的稳定性，从而满足后续工程的使用要求。在混凝土施工当中，所采用的水泥、钢筋型号必须要严格控制，否则会影响工程整体质量，包括混凝土裂缝、渗透等，这些不仅会对工程整体外观造成影响，还会对工程质量以及使用安全性造成影响。

为了能够保障混凝土施工质量，需要强化对混凝土施工技术的控制工作。

（1）加强混凝土施工材料控制工作。在施工中要对进场材料进行质检，特别是钢筋、混凝土等主体材料，需要和质量证书进行校对，按照事先确定的标准严格展开验收工作，保证材料质量达到标准。

（2）严格控制混凝土存放环境，采用有效的防水、防潮措施，保证这些材料在阴天下雨时不会受到负面影响。

（3）在混凝土施工当中，最为重要的就是装机混凝土施工环节，要结合工程设计标准

做好材料配比工作，还要严格控制桩基护筒高度，要求护壁可以高出地面一定距离，并加强防水工作，提升施工安全性。混凝土浇筑前，要先将首位环境的杂质、灰尘等清除干净，混凝土稀释度要符合设计标准，确保混凝土的黏合度。

（4）为了能够保障混凝土施工质量，需要在浇筑完成后展开防护工作，需要施工人员定期进行浇水，确保混凝土的湿润度，结合当地实际的气候条件，采用加盖防护材料，降低裂缝、渗透现象发生概率。此外，为了确保工程的整体质量，要考虑到路桥工程混凝土施工的复杂性，做好细节问题的处理工作，保证混凝土稀释度、路桥桩基满足设计要求。

（二）过渡段施工

过渡段施工技术是保证路基和桥梁平稳过渡的重要技术手段。对于路桥工程来说，想要保证施工质量，做好过渡段施工技术控制有着重要意义。在过渡段施工包括搭板设计、后台填筑、排水等，每个施工环节都要严格控制施工工序，避免发生施工事故。

搭板施工。搭板设计需要重点考虑长度因素，将过渡段控制在合理范围内，满足路桥工程荷载需求，处理路桥衔接处的沉降问题；再者，充分利用路桥过渡段的预留空间，结合路桥沉降差确定坡度，确保过渡段的平稳性、安全性，避免出现跳车问题。此外，采用锚固技术对过渡段进行处理，采用搭板和桥台间设置竖向、水平向的锚固平衡路桥受力情况，这样即可更好地满足施工要求。在过渡段设计当中，要全面考虑过渡段的承载力，确保过渡段施工的合理性、科学性，满足工程建设的整体要求。

后台填筑。后台填筑施工也是路桥施工中的重要一环，需要科学选择施工材料，保证后台的使用性能以及土体应力扩散转移，从而更好地抵抗因为填土造成的土地变性问题。在软土路基处理当中，需要采用加固措施，对后台填筑部位采用压路机碾压，让路基和桥梁之间的衔接更加紧密；填筑当中，需要事先处理碾压位置以及特殊部位，保证施工流畅性。

排水。后天排水也是需要重点考虑的问题，会直接影响整个工程的安全性、功能性，如果排水设计缺乏合理性，可能会造成路桥衔接位置渗漏问题，从而影响整个工程的安全。施工当中，需要结合工程实际情况合理设计排水设施，结合当地气候条件选择防水材料和排水方式，确保在最少材料消耗的技术上保证最佳的排水性能。在回填当中，要科学设置泄水管和盲沟的位置，砂石要重点考虑透水性，保证排水性能。

（三）预应力技术

预应力施工技术作为当今路桥工程中应用最为广泛的一项技术，也当代桥梁施工中的核心技术。在实际施工中需要注意以下几点要求：

（1）实现标注出预应力曲线坐标，确定波纹管位置，采用钢筋支架固定波纹管，使用钢垫板垫实箍筋。波纹管安装需要避免出现反复弯折而开裂，并检查曲线形状是否符合工程要求、波纹管固定是否牢靠等。

（2）设置灌浆孔和泌水孔，灌浆孔设置在底部、泌水孔设置在顶部，每个管上设置3个灌浆孔和1个泌水孔，使用钢锥凿孔。

（3）支模前，要先对地基进行压实、排水，并浇筑混凝土砂浆垫层，确保地基能承载全部桥梁上部压力，土壤承载力不得低于工程最大荷载。考虑预应力拉张后模板产生反拱力，所以还要考虑到土壤承载力能够抵消梁自重的挠度，起拱高度为跨度的千分之一。

（4）混凝土浇筑当中，要求水泥型号不低于40C，一体式浇筑、分层浇筑要考虑梁的高度，在1m以内采用一体浇筑方案，反之采用分层浇筑方法。混凝土振捣必须要足够密实，不得出现漏振问题；在梁浇筑时要先穿入预应力筋，并时常拉动避免灌浆孔堵塞。

（5）预应力筋张拉需要保证混凝土强度达到了设计标准的75%。在梁测模拆除之后即可进行张拉施工，平面张拉需要保证对称性。张拉前还需要观察模板是否出现了沉降、构件是否出现裂缝等，如果出现了问题需要上报，不得轻易进行张拉，还需要对锚具、张拉设备进行检查，制定施工安全措施。先张拉10%，在拉到1.05倍的预应力筋张拉控制应力，也可以从10%张拉力起，拉直1.03倍预应力筋张拉控制应力。张拉规范为 $0 \rightarrow 1.05\sigma con \rightarrow 2min \rightarrow \sigma con$、$0 \rightarrow 1.03\sigma con$ 两种拉法。

（6）灌浆水灰比控制在0.4%，泌水率控制在2%左右，从底部灌浆孔进行注浆，待到泌水孔溢出浆液后2分钟，即可对灌浆孔封堵。注浆工序不得中断，一次性灌满。

（7）在灌浆完成之后即可拆除层梁底模，拆模不得向上用力，检查反拱以及反拱是否异常。将端头外部露出的锚具支模板浇筑和梁砼强度的细石混凝土，做好锚具保护工作，对于凸出柱面的，还要适当地进行装饰，保证工程整体性。

综上所述，路桥工程建设中所涉及的施工技术非常多，合理选择施工技术，加强施工质量管控尤为重要。所以，在施工当中需要施工人员做好每个施工环节的技术控制工作，控制人为因素、自然因素的负面影响，在实际工作中不断创新，推动路桥工程建设稳步发展。

第九节　公路工程路桥桩基钻孔施工技术

城市化进程的基础设施是公路工程，针对城市的建设和发展起到一定的推动作用，但这也会给工程的施工质量带来巨大的压力。路桥桩基是公路工程中不可缺少的环节，也是公路工程的基础设施。因路桥桩基的质量与公路工程有直接关系，对施工完毕后公路的使用年限和安全系数有巨大的影响。目前钻孔施工技术已成为路桥桩基施工中常见的技术，该技术对工程施工的效率和成本会有很大改变。

一、公路工程路桥桩基中钻孔技术实施前的准备工作

(一) 钻机

钻机是钻孔施工技术中重要的施工设备。在施工过程中，因施工环境和要求的不同，故所需要的钻机型号、性能也要根据情况来选择。尤其是目前市场上钻机品种不断增加，各种钻机性能也不同，故在进行施工前必须按照施工要求来选择适合的钻机。

(二) 场地

在钻孔施工技术中合理选择施工场地也是关键的环节。在进行施工时，需要分析桩基设计尺寸，根据桩基的尺寸来选择相应的施工场地，在进行该步骤时还必须把在施工过程中容易发生的突发情况考虑到，例如：针对降雨量偏大的地区，水位的上升会阻碍工程的正常实施，施工场地水源供应不足等现象。所以在选择施工场地的过程中，当场地与桩基设计尺寸相符合时，施工场地的高度尽量比周围环境高出80cm左右，且最好选择离水源较近的区域。

(三) 护筒

在钻孔施工技术实施前，应提前准备好护筒，以便于保证桩位的固定性且还可以阻止雨水流入，从而破坏桩位的稳定性。在准备护筒的过程中，还需要注意以下要求：

二、路桥桩基施工中钻孔施工技术的运用

(一) 对钻孔施工技术质量的要求

因钻孔施工技术在公路工程中尤为重要，故对钻孔施工技术的质量要求非常严格。在该技术的施工过程中，必须将孔洞和桩径两者中心圆点之间的距离保持在5cm之内；孔径的尺寸必须大于桩径的尺寸。在施工过程中，需保持孔的整体性，在正常情况下，孔的形状必须均匀且竖直；若孔的形成发生倾斜的现象，那么工作人员就必须将孔倾斜程度控制在一定范围内，这个范围需符合工程的设计要求，避免对整个工程的后续工作造成影响。在进行钻孔的过程中，孔的沉淀厚度需与工程的设计要求相吻合，正常情况下，孔的沉淀厚度需保持在5cm的范围内，才能使施工顺利进行。

(二) 钻孔施工中必须控制的因素

1.桩基钻孔施工前的准备工作

桩基钻孔施工前，若准备工作未做到位，会给整个工程的进度造成巨大影响，导致施工工作不能顺利进行，故在进行施工时必须按照工程的相关要求来实施，并将要求与实际情况相互结合，做好充分的准备。准备工作的内容主要包括：施工材料的准备、施工设备

的检查、材料的尺寸大小和规模检查、施工场地的合理选择和施工器械的状态等等。

2. 钻孔地质剖面图

钻孔的施工过程是在钻孔地质剖面图的帮助下完成的，钻孔地质剖面图的精准度与钻孔施工质量有直接关系。故在施工前，应由专业水平较高的技术人员先对施工场地进行分析，由技术人员根据场地的实际情况绘制出精准的钻孔地质剖面图，给钻孔施工技术提供科学依据[1]。

3. 施工过程需根据土质来进行

在进行钻孔施工过程中，不可只依据钻孔的流程来进行，应先对地质的实际情况进行检测和记录，并将施工中提取的钻渣进行存放，为后续工作提供依据。工作人员在进行每一个工作环节时需将实际情况与之结合，使整个施工过程具有一定的连贯性和有效性。

4. 关注开钻入土工作

在钻孔施工工作中，开钻入土工作必不可少。在进行开钻入土时，需在护筒中放入适量的黄泥，且确保孔位呈竖直状态，钻杆呈垂直状态，还要随时观察钻杆的方向，若非垂直方向，必须及时调整。同时，合理掌握钻机钻进的速度，当速度过快时容易导致缩孔；当速度过慢时又会耽误工期。所以要合理控制钻机钻进速度，尽量将速度控制在不快不慢的状态。

5. 全面检查钻机的钻头

在全程施工中，都要对钻机的钻头实施检查工作。特别是检查钻头的磨损程度，当钻头磨损程度较严重时需及时更新，并将磨损的钻头尽量修补，避免磨损的钻头影响工程的进度，保持施工过程的连贯。

（三）清孔

当桩基钻孔的深度与相关标准相吻合时，需停止钻机钻孔工作，认真仔细检查桩基钻孔的深度以及孔径的大小，检查孔径与设计要求的符合度。待检查完毕后，把检查结果上报，待相关管理人员批准后再实施清孔工作。带清孔工作结束后，必须对本环节认真验收；待相关人员验收后，利用成孔检测技术来检测桩基成孔情况；若验收符合标准便开始实施下一环节，反之进行改进[2]。

（四）吊装钢筋笼和混凝土浇筑

1. 吊装钢筋笼

成孔检测合格后的下一个环节便是钢筋笼的下方工作。在普通情况下，采用的检孔器

---

[1] 陈红，梁立杰，杨彩霞. 可持续发展的公路建设生态观[J]. 长安大学学报（自然科学版），2004，24（1）：69-71.

[2] 宋洋. 路桥施工企业材料管理优化方法研究[D]. 西安：长安大学，2013.

都要比钻孔桩基钢筋笼的直径大 10cm，但必须小于钻头的直径，且长度需是桩径的 5 倍左右，待各项指标均符合标准后，便可将钢筋笼下放。钢筋笼的制作要求需符合工程的设计标准，普遍使用现场分段制作；分段钢筋的焊接和吊装步骤需在空口完成，当钢筋笼准备好后，便进行骨架固定，避免骨架出现上浮的现象而导致施工无法实施，在钢筋笼不变形的情况下进行钢筋笼的入孔工作，方法采用双点起吊。

2. 混凝土浇筑

保证混凝土浇筑的工作质量也是相当重要的环节。提高混凝土浇筑工作质量的方法也有很多，合理把握混凝土浇筑的速度是提高混凝土浇筑工作质量的有效方法。当混凝土浇筑的速度太快时，会使钢筋笼出现上浮的现象；当混凝土浇筑的速度太慢时，会导致混凝土在下落的过程中不能形成良好的冲击力；在这种情况下便出现桩体不均匀的状况。适当处理改善导管与混凝土料，可有效降低堵管的发生率。将吊臂上下移动的速度进行适当地控制，防止速度太快或太慢，导致施工速度不好掌握。在混凝土浇筑时，将导管掩埋深度控制在 2～6m 之间，避免导管发生泄漏的现象，避免浇筑时间太长出现拔管断裂的现象。

在施工过程中，工作人员应积极关注公路工程中路桥桩基钻孔施工技术，必须按照工程施工的相关规定来进行；与此同时，对施工场地的地质情况进行观察分析，将其与以往的有效资料相融合，再对施工方案进行相应的完善和调整，寻找更好的施工方案，推动我国道路行业的发展。

第十节　路桥施工中的裂缝防治质量技术

现阶段，我国社会经济发展快速，人民生活水平不断地提升，人们对生活质量也提出了更高的要求。为了能够给广大的人民群众提供更好的生活，目前我们国家特别重视市政基础建设，路基工程得到了长足发展。但是我们不得不注意一个问题，就是我国一些路桥施工时会出现一些裂缝，会严重影响路桥质量，这样也不利于维护人民的生命安全。由于我国经济水平的迅猛发展，机动车的数量逐年提升，人们所期待的便捷交通也即将到来。如果路桥的路面出现问题，就会严重地影响公路的使用寿命，就会给国家造成很大的经济损失。混凝土作为常见的结构材料广泛应用于路桥中。在实际的应用过程中，对于常见的裂缝问题，如果不及时有效的治理裂纹就会越来越大，钢的内部力量被腐蚀，导致路桥项目的质量的使用没有得到较好的保护。混凝土结构的裂缝严重影响了整体性能和工程的耐久性，所以我们应该提高标准化的基础设施建设，加强施工质量管理的每一个细节，以确保及时控制，以防止这一现象。

一、混凝土结构中常见裂缝

(一) 收缩裂缝

在进行混凝土施工的时候，为了确保混凝土能够正常的工作，必须增加一定的湿度。简单说在混凝土凝固的时候，水分进一步会被蒸发，混凝土体积收缩明显。存在大面积混凝土时这种现象尤为明显，这是由于混凝土在收缩时会受到外部因素的影响，这就会形成正常收缩的应力，但是这些应力会超过混凝土的屈服强度，只要是在时间的范围内在混凝土表面就会形成一道裂痕，因此混凝土的耐久性因此会受到影响，这些裂缝在建设的早期就会存在，即便说有些裂缝在施工完成以后，但这些都不是很长一段时间，由于路桥项目的运作，早期的建筑质量问题已经存在的。混凝土收缩率会与水泥的含水量、掺杂量、水泥品种、骨料密度与混凝土的制备等因素。另外，混凝土的抗拉强度是由于裂缝引起的，同时也使大量有不好的物质混进混凝土内，致使钢筋材料腐蚀，就会破坏混凝土的结构。收缩裂缝类型主要有沉降收缩裂缝、干缩裂缝和塑性收缩裂缝。

(二) 沉降裂缝

受路桥地基沉降的关键影响，沉降速度超快，位移较大会使得后期沉降趋于稳定状态。因为地基沉降的不同，会使得产生较大的沉降差异，就会使得路桥表面形成裂缝，这些裂缝通常情况下都是贯穿，并且裂缝的长度与宽度都会较大，沉降量较大，速度较快。

(三) 温度裂缝

会因为温度的变化而变化，混凝土的膨胀与收缩，温度也将随之变化，在混凝土的内外就会形成两个温区，形成温差，促使结构裂缝。当混凝土凝固时，空气的湿度对材料也是有特别大影响的，对混凝土的浇筑有着重要的作用，干空气会使得混凝土浇筑干缩、表面开裂所引起的混凝土收缩。

(四) 施工隐患产生裂缝

建筑施工的质量会直接反应路桥的结构内。在混凝土施工中，产生的裂缝缘由很多，主要有几点：振动混凝土，时间不够或振动过大会直接引起裂缝。浇筑混凝土时，直接的浇筑会产生混凝土的偏移，混凝土若不及时的保护，就会造成裂缝特别多。

二、裂缝的防治技术措施

(一) 混凝土材料的配比

混凝土混料需要控制各环节的标准化。应注意混凝土配制材料的正确性和质量合格。在试拌原料、降低水泥用量、掺加粉煤灰、控制比例在合理范围内的水胶、材料的选择过程中，骨料应该选用少碱、粗骨料，避免选择沙子和黏土，进而保证材料的适用性。粗骨料应选用强度高、粒径大、级配合理、料量适中和水泥用量达到有关标准的粗骨料，就会减少混凝土变形收缩；在选择细集料时，以泵送标准的前提下，最好应该使用细砂或中砂，以减少水泥用量。外加剂应加入少量的减水剂和煤灰剂，以此降低水泥的耗水含量和水泥的含量，进而提高水泥的性能，以此减少塑性收缩。适当掺入粉煤灰改善混凝土的工作性能，以此减少收缩与降低温度。在施工的时候应该减小裂缝周围的应力，需要代替钢筋混凝土来承载这部分应力，这样不但能够行之有效的控制裂缝的产生，还会降低裂纹，在使用的过程中，要保证高强混凝土的韧性。

(二) 完善混凝土的结构设计

水泥的结构设计要使用低强度混凝土，能够减少外部的影响，在考虑环境因素之外，还需要根据环境的影响结合以往的经验，全方位对混凝土进行结构设计，这就需要避免混凝土裂缝的产生，需要提升施工技术以保证工程建设的质量。

(三) 避免施工荷载引起的结构裂缝

在荷载作用下，结构产生的裂缝，裂缝的宽度必须加以控制，这对结构设计是十分重要的。在进行钢筋混凝土结构构件设计时，对其开裂不想特别严格抑制的时候，是以低钢筋允许应力值设定的，稍为增加一些配筋率，可以认为是一种实用的对策。

(四) 控制温度的措施

在路桥施工中，浇筑混凝土时，要考虑温度变化对混凝土的影响，夏季施工，应控制入模混凝土的温度不高于 25 摄氏度；冬季施工，应控制入模混凝土的温度超过 10 摄氏度，从而避免由于内外墙裂缝温差大的混凝土。此外，还可以采取降低出料口的温度（搭设凉棚、采用地下水拌和等方式降低入料温度及预埋冷却水管，加速混凝土散热的方式来控制温度条件，以减少内外温差，以预防产生使路桥产生贯穿的裂缝。

(五) 完善施工过程控制

在施工的过程中，施工方应该充分考虑混凝土搅拌点与施工点的距离，要尽量减小交货时间，以保证混凝土的质量。在浇筑的过程中需要保证混凝土表面均匀且牢固，需要在施工时，施工人员振捣两次，工人还应该垂直插入时振动，插入深度 5cm。施工方应该明确模板的载荷，保证其在承载的范围内，避免变形。铸件应该选择合适的接头，间隔应该保证在 20~30m 间，模板支撑时间要足以保证混凝土的成型。

(六) 规范施工程序

在路桥建设过程中，不断改进施工技术，规范施工程序，严格控制施工现场，配备专业施工人员。为促进管理制度的规范化，在浇筑过程中一旦出现变形或错位现象，应立即采取相应的处理措施，减少裂缝发生的概率。

（七）提高养护工作

很大程度上，合理的维修操作能够很大程度会避免裂缝的问题，特别是对裂纹的问题，尤其是对温度裂缝的形成，效果显著，在维修时，混凝土结构中相应的变化点主要是围绕自身，并分析外部的变化，能有效地采取保护措施。维修时，要避免外界对维修的影响，尤其在混凝土凝结期时，排除人工清除等不利因素。通过标准化控制养护方法，合理控制混凝土养护的湿度和温度，在维修过程中，要注意保温工作，采用正确的计算，对检修的外部温度进行全面控制，始终保证了合理性。能使此项工作顺利进行，对治理裂缝具有重要意义。

此外，为了避免施工裂缝现象的出现路桥工程公司需要成立施工监督小组，深入施工现场，严格把控，确保施工合理。一经发现问题应该立即采取合理应对措施，这就需要监督人员充分发挥职能，以饱满的热情投入工作中。

路桥工程建设在某种意义上代表着我们国家经济整体的发展水平，是国家形象的代表。所以我们应该必须重视路桥工程的搭建，严格规范实施，提升施工水平，要尽量避免一系列负面问题的出现。总之，因为现阶段路桥的混凝土施工在我国得到广泛的应用，路桥结构质量是工程质量和安全直接相关，是最常见的混凝土裂缝的相关措施，有效的预防和治疗必须重视之一。在路桥项目施工的过程中，在保证混凝土结构质量的前提下，我们总结了混凝土裂缝产生的缘由，从原材料的控制方面，优化比例与强化施工，采用先进技术，应用维护，降低生产大型混凝土结构的裂缝概率确保有效的预防和控制混凝土裂缝，提升路桥施工的质量。只有能够对混凝土裂缝进行治理，才会提升路桥的混凝土结构的整体质量，进而保证工程质量的安全性，使路桥工业朝着健康、稳步的方向发展。

第十一节 拉链式路桥变形缝装置施工技术

从目前我国所使用的拉链式路桥变形缝装置的主要结构和工作原理出发，介绍了拉链式路桥变形缝的特点及施工工艺流程，深入分析了拉链式路桥变形缝装置施工技术中的重点环节，最后总结提出了拉链式路桥变形缝施工中的质量控制措施，旨在提升整体结构的安全性和稳定性。

道路和桥梁的变形缝是确保工程质量的关键因素，所以变形缝的控制一直都是道路桥梁工程领域比较重视的一个方面。目前，我国的变形缝主要存的问题是：变形缝装置不能有效处理工程存在的横向、纵向以及竖向变形，最终会使得中部的梁体发生严重的变形，从而严重影响道路桥梁的外观，并且在路面行驶的车辆和来往的人员都会感到不适，桥下的行人也会觉得非常不安全，同时还会出现漏水的情况，给后期的维护和处理带来很大的难度。如果在施工过程中选择使用拉链式路桥变形缝装置，就不会存在上述问题，工程的质量也会得到保障。

一、拉链式路桥变形缝装置的工作原理

拉链式路桥变形缝主要的施工原理就是拉链转动轴的工作原理，即在两个面板之间设置齿板，齿板之间啮合链接，在工作过程中，随着转动轴的转动，可以根据工程的实际需要进行横向或者纵向移动，此时可以保证齿板上下的胶垫或者弹簧具备一个向下的压力，避免其出现较大的碰撞声，从而大大提升了变形缝的安全性能，抗震效果也非常好。伸缩器的内部需要设置齿板间的工字型胶条，面板和第二空心胶垫组成的结构就是第一道防水结构，而伸缩器结构中的钢板槽设置的胶条构成了第二道防水结构，这种构造形式大大提升了整体结构的防水性能。首先需要将连接件预先埋置在基础结构中，从而可以有效保证混凝土基础与链接座的有效链接。此外，还需要在下部结构中设置挡水板，避免基础部分发生较为严重的渗水，面板结构中需要设置防滑装置，这样可以大大降低整体结构的噪声，同时提升整体结构的稳定性。

二、拉链式路桥变形缝装置的特点

拉链式路桥变形缝装置具有以下特点：
①伸缩性非常强，结构形式可以随意变动；
②振动小，无明显噪声；
③耐磨性强，且具备较强的防水性能；
④拆装方便，可以随时更换结构；
⑤外形美观，且成本较低。

三、拉链式路桥变形缝装置施工技术

（一）施工工艺流程

拉链式路桥变形缝装置的施工工艺流程如下：施工开始前的准备工作→测量复核→修整→清理→布置变形装置→调试→投入使用。

（二）操作要点

1. 施工准备工作

施工人员需要全面了解工程图纸的具体要求，还要制定出符合实际情况的流程和施工

方案，保证最终各项参数都满足工程的实际需要。采用专业设备进行施工，保证各项材料的使用都能够满足工程需要。

2. 测量复核

根据设计图纸的具体要求进行测量复核，保证各个预留槽的实际尺寸以及预埋件的位置都符合工程设计方案的要求，如果变形量超出了设计方案的要求，应该进行适当的调整。

3. 修整

根据测量复核得到的数据，参照施工要求进行修整处理之后，将路面的成品部分覆盖土工布，以避免其受到环境大气的污染。如果存在污染的情况，需要采用人工方式进行清理，同时要将多余部分清除干净，然后才能开展后续施工。

4. 清理

将槽内混凝土和杂质清除干净。

5. 安装变形装置

变形装置通常是由很多零部件组成，根据施工现场的具体情况，将加工厂分段制作的结构进行现场安装。其安装规定以及操作方式如下：伸缩器需要安装在两个混凝土基础支座的上部位置，且该位置位于变形缝的上部，两个混凝土的基础支座部分通过此连接件，并且该连接件是对称设置在伸缩器的两侧，然后使用螺栓将其连接。

伸缩器结构安装：在该结构中所设置的第一道连接装置与第二道连接装置，分别通过二者的齿板进行连接。

第一道连接装置结构安装：第一面板在同一个转轴上分布着比较多的齿板，在第一齿板的上部位置一般都设置有圆形的胶垫，在其下方也根据需要设置了缓冲垫。

第二道连接装置一般都与第一道位置相对应，在每个第一齿板上都插入到第二连接齿板的内部结构中，必须要保证第二空心胶垫的表面与混凝土基层的表面处于同一水平面上。

6. 调试

变形缝的所有结构都安装完成之后，必须由专业人员根据设计方案的具体要求检测和测试装置或者判别结构尺寸是否满足工程的实际需要以及设计图纸的要求，有不符合要求的要及时采取措施进行调整处理，直到满足要求为止，否则该工程将不能投入使用。

7. 投入使用

工程竣工之后，监理工程师需要根据设计方案和图纸要求进行检查，一旦发现问题要及时改正；如果没有问题，应申报有关部门进行验收，验收合格之后才能投入使用。

四、质量控制措施

（1）施工开始之前，首先要进行技术交底。技术人员需要全面掌握工程的具体情况、施工顺序以及设备的工作原理，保证各种技术方案都满足设计以及规范的要求。

（2）变形缝施工过程中，需要保证各个工序的施工都满足设计方案的要求。施工人员要积极进行自查、自检。只有当质量满足要求之后才能开展后续施工，否则必须返工，直到合格为止。对于工程中比较重要的施工步骤，要进行全程的监督和管理。

（3）对于主控项目而言，高度容许误差一般为2mm，通常使用工程尺进行测量，每道位置需要测量3~7处，长度也应该满足工程的具体要求。

（4）对于一般项目而言，横向的平整度容许误差一般为3mm，然后再由检验人员使用长度为3m的工程尺来测量变形缝，此时还需要检查所有的结构是否符合设计方案的要求。

（5）检查整体结构的外观质量、尺寸等，特别是平整度和光滑度，更为关键的是要保证变形缝的安装非常牢固、可靠，不能存在松动的现象，否则需要加以处理。此外，还应该充分保证变形缝具备非常好的伸缩性，能达到工程质量要求。

五、安全要求

（1）变形缝施工过程中禁止一切车辆通行，在保证工程质量的前提下还要确保施工人员的安全。

（2）施工开始前，需要对所有施工人员进行安全教育和培训，在掌握足够的安全施工知识之后才能进行施工。

六、环保要求

（1）采取有效的防护措施以避免施工中对工程结构造成损坏和污染。

（2）施工的过程中，需要保证所有施工元器件、建筑材料都码放整齐，所有的设备都摆放在规定的位置上。

（3）施工结束之后，将所有的施工元器件和设备收回，将施工现场清理干净。

拉链式变形缝装置的施工方案可以根据施工现场的具体条件以及设计方案确定，在制造工厂进行制作，然后在施工现场进行组装，这样可以在保证工程质量的前提下优化施工步骤，维修也更为便捷。面板结构上通常需要设置防滑装置，这就大大提升了整体结构的安全性和稳定性，同时还可以降低噪声。拉链式路桥变形缝外形非常美观，建设成本也非常低，是一项非常实用的工程技术，符合现代化工程建设的需要。

第四章 路桥工程项目管理理论研究

第一节 路桥国际工程项目管理

随着我国经济的崛起和建筑企业的飞速发展，建筑业已经成为国家重要的产业支柱，在这个行业里投资多元化的复杂工程项目越来越多，同时建筑业激烈的市场竞争环境和世界经济一体化进程对其影响，我国建筑企业开始参与到国际工程建设中去，以寻求更好的发展空间以及更大的利润。路桥国际工程项目具有建设周期长、建设实施环境复杂、不确定性因素多、风险难控制等特点，其项目管理难度可见一斑。

一、路桥国际工程项目管理的特点

路桥国际工程项目指的是，项目的资金由外国的政府或者相关国际组织提供，在路桥工程的设计咨询、材料和设备的采购、施工及劳务供给等方面实行部分或全部跨国经营的项目。路桥国际工程项目的各个阶段的参与者都可能来自不同国家，并且不止一个国家，因此，路桥国际工程属于国际经济合作的范畴，在项目管理的时候应用国际通用的项目管理模式。路桥国际工程项目管理的特点主要表现在以下几个方面：

（1）路桥国际工程项目竞争激烈，它通常在世界范围内进行招标，国际大企业均可参与竞争。通常国际工程项目往往涉及多个国家，各个国家的法律法规甚至工程标准规范都不同，很难平衡参与各方一致认同的标准与惯例。

（2）货币资金的支付方式存在多样性。国际工程项目的承包商往往通过项目实施地区的本土货币承担开支的同时，装置、原材料采购的开支则往往借助外汇，有现金、支票等不同的工程开支承担方式。支付手段也有国际托收、银行信用证、银行汇付等，存在明显的差异，同时路桥国际项目按阶段开展支付工作，时段汇率浮动不同，因此造成利率不断调整。

（3）经济活动跨，项目管理复杂。路桥国际工程项目跨多国家和地区，各个地区政治、经济、文化等差异明显实施过程中，容易造成冲突和纠纷。在项目内容方面，由于施工需要招募的实施地区及工作人员来自不同国家，文化、语言、风俗习惯的差异，造成交流水平不高，控制工难开展。

（4）系统工程的跨学科性，对工程项目控制在工作者要求严苛。路桥国际工程项目控制过程内包括了不同专业不同学科知识，其建设和管理工作者处具备自身专业能力外，还需要具备紧密联系领域的各种能力。

二、路桥国际工程项目管理存在的问题

（1）目前我国国际工程项目管理的政府扶持较弱。政府对项目管理重视不够，相关政策扶持较少，法律法规也不够健全。国家仅仅制定了《工程承包公司暂行办法》作为项目整体承包控制制度，项目整体承包规章制度无法与法律结构保持一致，那么国际项目整体承包水平就没法提高。

（2）项目管理市场认可度较低。市场认可水平低的关键影响因素，包含认识和机制两个方面。认识缺陷的关键在项目整体承包往往较为重视资金回报，对科技方面没有苛刻标准；机制缺陷关键是在于路桥国际工程的"工程业主"为政府及国有公司，"用的是政府的钱"因此，企业强调个人利益，项目整体管理水平不高。

（3）项目组织管理各自为政，与发达国家差距明显。现阶段我国项目管理控制模式大体上是独立开展工作的，组织内部机构重复，管理混乱，管理程序冗杂。与发达国家比较则存在明显差距。

（4）管理体系不完备。现阶段开展项目管理工作的部门不具备健全的项目管理机制，无法科学合理的控制国际工程。

（5）理技术落后，项目管理各个阶段和环节并非完全动态及数字化的，管理科技水平低，管理能力自然也想多落后。

三、PMC 总承包模式

PMC 是 "project Management Contraetor" 的简称，是 "项目管理承包商" 的意思。PMC 模式能够在项目管理的各个方面进行总结，涵盖：项目实施中对项目的设计、材料的采购、施工等进行控制；在投入资源涵盖：资金财务管理、人力资源管理、物资管理、技术管理、信息管理等。

其项目管理程序主要是：首先，业主聘请全球知名的企业对路桥国际工程进行系统的控制承包。接下来，对工程按不同时期进行细化，细化为定义时期和执行时期。在工程定义时期，PMC 取代业主从工程起步时期就展开相应的项目控制；执行时期，PMC 取代业主承担起工程项目从开始到结束所涉及的所有工程的控制及监督工作。PMC 总承包模式下，被业主聘请的"项目管理承包商"在管理方面具有专业性，同时有具备相关项目管理工作的经验。由 PMC 代替业主开展路桥国际工程的各项控制工作，能够从工程起步之前

推动工程项目的系统研究和分析，在工程内涵、方案、融资规划、规划、采购、开展、试运行不同环节内合理的科学地进行管理项目管理。

四、路桥国际工程项目的风险防范

国际项目的特征，决定了国际项目的风险更加烦琐。其风险因素可分为内部风险与外部风险两大部分，其中外部风险包含经济风险、社会与文化风险；外部风险又包含自然风险、技术风险等因素。

对于路桥国际工程项目风险控制的措施主要有风险自留、风险减轻、风险转移三种方式。对于不同级别的国际工程项目风险，应综合评价后，根据其结果采用相对策略。

（一）风险自留（Risk Acceptance）

风险自留是由项目主体自行承担国际工程项目的风险的一种风险控制措施。在国际路桥工程项目中，对于损失不大的风险采用自留的方式进行控制。风险自留措施是以一定的财力为基础的，前提是必须完整掌握整个风险事件信息。

（二）风险减轻（Risk Mitigation）

风险减轻指的是在国际工程的项目管理控制中，提前采取某些相应的措施把风险事件的概率和不利因素以及风险发生后的后果降低至一个可接受的范围。提前采取行动减少风险发生的概率远远要比在风险发生后进行补救效果要好得多。

（三）风险转移（Risk Transference）

风险转移指设法将风险责任和后果通过组建联合体进行投标、工程保险、工程分包等措施将部分风险转移到第三方的方式。

（四）风险回避（Risk Avoidance）

风险回避指通过改变工程项目计划的方式排除风险，保护项目目标不受影响。

第二节　路桥建设项目目标持续性评价

路桥是一种现代化的道路交通基础设施。随着生产力的发展和人们对出行要求的提高，路桥凭借着通行能力强、行车速度快等优势而得以迅猛发展，而高速公路产业作为一项新兴产业，近年来正处于快速扩张期。根据交通部最新公布的《国家高速公路网规划》

显示，预计到 2030 年，国家将陆续投资 20000 亿元用于新建 5.1 万公里的高速公路，届时我国的高速公路总里程将高达 8.5 万 km。

一、路桥建设项目标持续性评价分析基本原则

（一）目的性原则

众所周知，路桥建设是一项投资巨大的建设项目，一旦投入建设，将会耗费巨大的人力、物力和财力，同时也会对周边居民乃至后代产生深远影响，因此在进行路桥建设时一定要有明确的目的。与此相对应的，在进行路桥建设项目标持续性评价分析时也必须具有一定的目的性，否则很难进行评价分析，并影响到后期的路桥建设。

（二）系统性原则

对路桥项目进行目标持续性评价分析时应该与经济发展、资源开发、环境保等联系在一起，千万不可以就单个路桥项目进行目标持续性分析.

二、目标分析与指标体系

毋庸置疑，路桥建设项目的目标就是为社会大众提供更加安全、快速、舒适的运输通道和满足相应的服务交通量，而为了实现这一目标，路桥项目必须在工程质量和运营管理方面都达到相当高的标准。路桥项目交通量的实现和持续性增长能够极大地带动经济的发展和社会的进步，而经济的发展和社会的进步又必将促进交通量的增长。由此不难看出，交通量目标的持续增长，一方面取决于项目内部的技术管理水平，另一方面也依靠经济社会的发展进步。

三、服务交通量目标评价

（一）服务交通量

通常情况下，路桥项目的功能和使用情况一般通过服务交通量、服务水平和通行能力三大指标来体现，而这三个指标之间又是相互联系、密不可分。学界一致认为路桥项目服务水平指的是路桥项目使用者从该路桥项目中得到的服务质量或服务水平的满意程度，一般来说不同等级的路桥项目，服务水平是不一样的，一定服务水平所通过的交通量被称之为服务交通量。一般来说，服务水平高的路桥项目，服务交通量高，道路通行顺畅，反之，服务水平低的路桥项目，服务交通量低，容易出现车辆拥堵等现象。

（二）服务交通量目标评价标准

在路桥建设项目的项目目标持续性评价体系中，确定服务交通量目标主要看两个指标，

即数量指标和质量指标。可持续的服务交通量，其增长应该是在该路桥项目的规定使用年限内，达到相应服务水平的稳定增长。

四、持续性能力评价

（一）技术能力

路桥建设项目目标持续性实现的技术能力通常来说需要取决于两方面的因素，即工程质量和养护质量，而工程质量又是整个路桥项目能够持续发挥作用的首要因素，它直接反映了该路桥建设项目的外观和内在性能。通常来说，一个路桥建设项目的质量需要从安全性、耐用性及经济性等多个角度进行测评，而安全性和耐用性又在整个路桥建设项目目标持续性评价分析中占据着举足轻重的作用。

（二）经营管理能力

通常来说，路桥建设项目的经营管理能力主要包含以下三个指标：①项目管理组织。其评价内容为机构设置是否齐全、规章制度是否完善、各类专业人员的比例是否合理；②管理人员素质。其评价内容为从事本职工作的工作人员的平均年限、高级专业人才的比重及受教育的程度；③科学决策水平。其评价内容包含决策的方式、时间、执行情况及效果。

（三）经济能力

毋庸置疑，路桥项目的经济能力取决于该路桥项目的收费情况。交通量持续增长，收费费率的高低和结构合理，都能保证路桥建设项目收入稳定并持续增长。一般来说，路桥建设项目的经济能力可以通过财务净现值和财务内部收益率确定。

（四）促进社会经济发展能力

路桥建设项目的建成能带动本地乃至周边地区的社会经济发展进步，但如何准确衡量该数据却一直成为学界和现实工作中的难点，要想对此进行准确评价，笔者建议可以从影响范围和如何识别两方面着手。

五、实现路桥建设项目目标可持续发展的意见和建议

虽然路桥建设项目目标可持续发展对在建路桥项目的顺利开展具有重大的促进意义，但由于我国的路桥建设项目目标持续性评价分析研究起步晚，理论研究欠缺。现实工作中，很多高速公路建设企业仅仅着眼于现实的短期利益，而忽视整个路桥建设项目的可持续性发展，致使我国路桥建设项目目标持续性的实现还存在诸多问题，对此，笔者建议可以采取以下措施。

(一) 努力提高路桥项目的养护质量，维持路桥建设项目良好的服务能力

毋庸置疑，路桥质量是整个路桥建设项目目标持续性评价分析的重中之重，而路桥建设项目会随着使用年限的增长及自然环境的破坏而逐渐呈现下降趋势。当路桥建设项目的服务能力下降到一定程度时就必须进行大规模的维修建设，否则将无法保证整个路桥建设项目目标可持续性的实现。因此，路桥建设项目的日常维护和大规模维修必须上升到目标持续性生存的战略性高度。

(二) 做好经营服务，以期吸引更多的车流和客流

目前来说，我国的路桥建设项目一般都是采用"贷款修路，收费还贷"的形式进行，这就使得路桥建设项目完成以后，在收费率及服务手段的选择上一般是以前期的投资金额为主要思考方向，往往会忽略掉真正消费者的需求。久而久之，导致已完成的路桥建设项目经济能力日渐下降，影响了该路桥建设项目整体可持续性评价的顺利进行。为此，笔者建议高速公路企业应该通过不断提高自身的运营管理能力和服务水平来不断满足项目使用者的实际需求，以吸引更多的车流和客流。

(三) 做好路桥建设项目沿线生态环境保护工作

不可否认，路桥建设项目的建设和运营都将会大大促进沿线区域的经济社会发展，但与此同时，也给沿线区域的环境带来了一定程度地破坏。如空气污染、水污染、植被破坏、水土流失、文化遗产破坏等等负面影响。针对以上环境污染问题，笔者建议可以采取一系列措施，尽最大可能减少机动车废气排放量，加强沿线区域植被绿化和历史文化遗产保护工作。

路桥建设项目目标持续性评价分析，不仅可以使项目建设和运营者很清楚地了解在建项目的现状和可能存在的问题，以便及时制定相应的对策和措施，做到早发现早杜绝，实现路桥建设项目与当地自然环境的协调发展，而且也有利于建立健全项目后评价理论，对项目进行全面系统的评价，以便于能够更好地保证路桥建设项目目标的顺利实现和经济社会的快速发展，从而促进我国高速公路产业的健康发展。

第三节　基于成本控制的路桥项目合同管理

精细化成本控制是近年来工程成本管理中的重要管理理念，也是被许多企事业单位广为推崇的管理理念之一。合同是基于相互信任且具有法律效应的双方协议，通过合同管理来精细化项目的成本控制，不仅能够更有效的提升项目工程的利益，还能够一定程度规范

化粗放的工程管理流程，在现代路桥项目管理的实践过程中起着重要的作用。然而，在许多路桥项目管理实践中，基于成本控制的合同管理还存在一些问题，需要我们深入研究，找出解决对策[1]。

一、合同管理在路桥项目成本控制的重要作用

通常情况下，在工程项目实践展开之前，业主会与工程项目管理企业签订若干合同，以明确相关的责任、权利、利益，规定了工程项目的质量标准、完成时间，对合同双方行为进行约束。合同管理则是在法律的基础上，通过合同标明的款项来指引项目管理者和合作方顺利实践项目的一种管理模式。项目成本控制的主要目的是为了更加科学的控制工程造价、增强项目收益，项目成本控制是贯穿工程实践全过程的。而合同管理则是对项目实践全过程是具有约束效用的，因此利用合同管理来进一步约束成本控制是具有理论意义的。在实践过程中，合同管理对成本控制的作用体现在以下3个方面：

（一）控制材料费用

材料费，一般是指在建设施工过程中所使用的有助于建筑体构成的构件成本"摊销费用等，材料费一般会占据整个工程造价的一半以上，在路桥工程项目的成本控制管理活动中，控制材料费用可谓是最为重要的管理内容之一。对于材料费用的控制，通过合同管理能够更好地实现，管理人员可以按照材料采购合同来对材料的购买、损耗进行成本管理和控制。

（二）控制人工费用

人工费，一般是指在建设施工过程中，对于人力劳动的支出。人工费用通常会占据工程造价三分之一左右，但与材料费用而言，人工费用的成本控制会存在一定的浮动性。对于人工费用的成本控制更需要的是避免掉不必要的支出，而不是一味地降低人工费用预算。在对人工费用的成本控制阶段，合同管理发挥着重要的作用，例如按照劳务承包合同就能够规范工资发放程序，特别是在正式职工和农民工的薪资控制上，按照劳动合同可以避免很多的冲突，也能够提升经济性。

（三）控制间接费用

路桥施工人工费、材料费和施工机械费之间有密切的联系，这种关系是相辅相成、相互促进的。如果控制好各子项目之间的关系，可取的良好的成本控制效果，也能将工程费用控制在预定的范围之内。而合同对于各项施工的约束是贯穿全过程，并且也将各部分之间的联系因素纳入约束条件之中。因此，项目实施的各个部分均可通过合同管理进行有效的成本控制，由此可见合同管理是科学成本控制的基础。

[1] 苏芳.路桥施工企业全面预算管理应用研究[D].南宁：广西大学，2006.

二、路桥项目成本控制中合同管理常见问题

(一) 合同管理意识淡薄

合同是基于法律意义约束合约双方行为的,但许多施工单位在工程项目进行过程中,对于合同的重视度不足。特别是一些小型的路桥施工单位,由于经验不足,没有很好地利用合同管理来进一步地控制成本,导致成本的增高,但为了谋求自身利益,甚至会出现违背合同规定的现象,造成一个恶性循环。不重视合同管理,不仅会造成经济纠纷,还会一定程度的阻碍工程的顺利进行。

(二) 合同管理制度不完善

一方面是法律制度的不完善,路桥项目施工的盈利是许多承包商的实际追求。而现代我国合同法对于路桥项目合同管理的行为约束尚存在许多漏洞,存在许多不完善的地方,许多承包商就恰好的利用这些漏洞,合同表面并没有违背法律法规,但实质却扰乱了路桥项目的市场运作,久而久之就会反向制约我国合同管理的发展。

另一方面则是许多路桥单位缺乏相关的管理机构。由于我国工程项目管理理念提出较晚,相关的管理机构建设也不完善,导致我国合同管理规定和程序不明确,合同管理相关制度执行困难。同时由于缺乏相关的审查和评估机构,使项目的监督和控制工作受限,以上这些管理上的不完善,造成相关人员利用管理漏洞违背合同规定,阻碍了合同管理的顺利实施,影响成本的有效控制。

(三) 忽视合同变更管理

路桥项目在施工过程中,会因为一些不可抗因素而出现施工变更,继而会产生一些合理的合同变更,合同的变更主要是根据实际情况,在双方同意的基础上改变合同内容或者合同主体,以确保合同更好地履行,保证项目的有序、有效进行,这是十分常见也是很正常的事情。但如果施工单位缺乏对合同变更管理意识,导致一些不必要的损失产生,而致使成本的增加。

三、相关对策

(一) 完善合同管理机制

相关单位应建立有效的考察机制,制定相关的管理细则,有效掌握项目成本情况,对合同的履行情况进行全面审定与核算。而管理人员应根据合同的特点,

制定一套合同管理精细化的措施,尽可能对合同执行过程中的各项问题进行细致、明确的规定,采取有效的奖惩措施,切实落实项目的合同规定。

管理者应在合同制定之初,明确认识到合同的法律效益,树立合同管理的意识。首先

要确保合同符合相关的法律法规，合同双方都不能够因为自己利益而去违背法律，其次要规范路桥工程项目合同范本，要严格按照相关法律规定的工程合同范本来进行合同拟定，明确合同签订双方的权利、责任、风险。特别是对于违约赔偿和处罚条款，要让发包方和承包方享受平等待遇，不能够只约束承包方，造成对发包方有漏洞可钻。最后，承包方和发包方都要针对项目本身做出合同管理预案，形成对合同管理重要性的认识，继而能够增强执行过程中合同管理的效率，继而推动项目的成本控制力度。

（二）加强合同实施管理

在合同制定过程中要考虑到合同合理性分析（包括审批手续和资金来源等），双方的资格审查（包括是否具有法人资格、具备履行合同的能力等）。要处理好施工进度与投资的关系合理，保证路桥项目的成本控制，项目管理者应在合同签署之前严格对人工、材料、设备、管理费等费用进行严格的审查，做好相关成本的预测，以保证合同的合理性和制约性。更重要的是做好合同管理监理工作，对于路桥项目而言，监理直接影响到成本控制，监理方应该深入到施工现场，对施工进行不定时的多次的观察，对于工程实践过程中出现的问题要及时处理，如果涉及合同变更项目，应该同时通知承包方和发包方双方，对施工工艺、人员设备进行严格监督，确保施工过程与合同的一致性，及时的纠正错误、降低损失，继而起到良好的控制施工进度和控制成本的作用。

（三）加强合同管理队伍建设

一方面，施工企业应该要进一步地提升对专业合同管理人才引进的意识，有目标地去建设合同管理队伍。建立良好的人才吸引机制以及内部选拔机制，还应该定期的设置内部专业培训，进一步的提升企业的人才实力；另一方面，国家社会也应该重视对合同管理领域的重视，应大力培养相关专业人才的迫切需求，加强项目合同管理人才队伍建设。

在路桥项目中合理利用合同管理有利于项目成本的精细化控制，在执行与实施的过程中，相关管理单位应该对合同管理予以充分的重视，进一步的精细化合同管理的流程和内容，从而对成本控制起到有效的协助重要，从而达到现代路桥项目集约化管理的需求。

第四节 路桥施工项目管理组织模式

随着近几年国家实施积极财政政策，不断加大交通基础设施建设投资力度，全国公路建设市场呈现连续繁荣局面，未来几年内还将继续保持持续稳定增长的趋势。面对竞争，作为优秀的路桥发展企业，加强对施工项目组织管理就更为重要！在我国，路桥施工项目经理部的组织结构主要分为工作队式、部门控制式、矩阵式、事业部式四种类型，这些类型组织结构的组织都是从企业的角度出发的，而从项目经理部的角度出发，如何在企业可选的几种组织结构的框架下就工区的配置及施工项目管理的组织模式进行构建，往往是项目经理面临的难题。

路桥施工项目管理的过程中组织措施是控制项目目标最重要的措施。在我国，施工项目经理部的组织结构主要分为工作队式、部门控制式、矩阵式、事业部式4种类型，这些类型组织结构的组织都是从企业的角度出发的，而从项目经理部的角度出发，如何在企业可选的几种组织结构的框架下就工区的配置及施工项目管理的组织模式进行构建，往往是项目经理面临的难题。路桥施工项目的管理由项目经理领导，负责施工项目从开工到竣工全过程的施工生产经营管理，它是代表施工企业履行工程承包合同的主体。施工项目管理组织通常包括两大方面的任务：一是把项目经理部要完成的任务划分为具体的工作，由不同的职位、部门来承担；二是在分工的基础上取得各职位、部门、层次的协调运作，此即"整合"。

一、路桥施工项目管理组织中存在的问题

（1）在路桥项目实施过程中，项目经理部需要进行纵向和横向的信息传递和沟通，如项目经理向技术科发出进度、质量要求指令，技术科向合同预算科抄送技术方案等。纵向沟通和个人的理解偏差、着重程度不同、过程延误等而形成信息漏斗，造成信息在流通过程中失真。如，技术科向劳务分包队伍进行技术交底时常常与初衷存在偏差；而横向沟通也因部门之间专业水平、组织性壁垒的存在等而缺乏信息通道。

（2）按照亚当斯的公平理论，一个人做出了成绩并取得了报酬以后，他不仅关心自己所得报酬的绝对量，而且关心自己所得报酬的相对量。因此，他要进行种种比较来确定自己所获报酬是否合理，比较的结果将直接影响今后工作的积极性，进而影响工作效率。而现在很多路桥企业吃大锅饭的现象仍然严重，工资不开档次，绩效工资常停留在形式上，人情关、派系争斗仍然存在，这都会在一定程度上降低组织的效率，弱化项目经理部实现进度目标、质量目标、成本目标等的能力。究其原闪，由于激励机制、利益分配机制与调配机制的缺失，从而导致了效率问题。

（3）形成合适的团队机制，建立项目管理班子的成员之间进行沟通和解决冲突的渠道，创立良好的人际关系和工作，可以提高项目管理班子的成员和项目管理的工作效率。团队建设得好，可以形成整体力量的汇聚和放大效应，否则，就容易出现"一盘散沙"，甚至造成力量相互抵消的"窝里斗"局面。应努力将个人目标同组织目标、个人目标同个人目标统一起来，实现组织最大限度地协同。

二、路桥施工项目管理组织的影响因素

（1）工程范围广、项目规模大、结构复杂的路桥项目，需要设立较大的职能部门，配备较多的人员，分工较细。如果路桥项目中路基工程较多，则需配备较多的路基工程师，小型、技术难度低的路桥项目，则不需设立较多的职能部门，只设立职能人员即可；专业性强的路桥项目，如隧道工程，则需要根据其结构特征、施工复杂程度等设立一些专门的施工或技术管理职能部门。外部环境直接影响项目管理组织模式的设计，具体包括在对职位和部门、项目管理组织的分工和协作方式、控制过程及计划等方面。当外部环境的复杂性项目管理组织中的职位和部门的数量会增加，这样就增加了项目管理组织的复杂性。

（2）项目经理由企业法定代表人授权组织项目的施工管理活动，处于项目管理组织的核心地位，其在项目施工过程中起领导、管理、协调、决策、激励等方面的作用，他的经验和管理风格，对项目管理组织的任务分工、管理职能、工作流程等制度设计及下属管理人员的行为起着决定性的影响，直接影响项目管理组织目标的实现。

（3）人员素质对项目管理组织模式的影响很广，主要涉及以下方面：①集权与分权。项目管理人员专业水平高，管理知识全面，经验丰富，有良好的职业道德，则管理权力可较多地下放，否则，则权力应多集中一些。②管理幅度。项目管理人员的专业水平、领导经验、组织能力较强，管理幅度就可以大些，反之，应缩小管理幅度，按照精简与效率的原则组织精干、高效的组织。③定编人数。项目管理人员素质高，一人可兼多职，可减少编制，提高效率；若人员素质较低，则需将复杂的工作分解由多人来完成。

三、路桥施工项目管理组织模式

（1）工区的设置是根据工程任务及工程特点设置的，路桥施工项目一般是线性结构物，施工地点分散，若路桥施工项目任务单一，则不需设置工区；如单纯的路面工程合同段。一般不需要设置工区，若路桥施工项目任务繁多、工程特点突出、分界点明显，则一个项目往往要分成几个区段施工，设置工区时，可按施工区段配备人员，在一定程度上可减少人员在施工区段的流动，提高工时利用率。一高速公路合同段长20km。中间有一座大桥，两边路线分别长10km、9km，为合理安排施工，很明显可从大桥处分界，将其分为2个工区。当工程规模大、专业性强时，也可按地理位置将不同的专业性强的分项工程划为一个工区。如，路桥项目中包括一个长500m的隧道，可将其划分为一个隧道工区。

（2）按照路桥项目的项目规模、复杂程度及其特点，职工素质、项目经理管理风格等因素，工区与职能部门的配备情况不同，路桥施工项目管理组织主要有两种模式。第一种模式：模式框架。设置具有预算、成本合同、技术、施工等相关职能的工程科、质检科、合同管理科、机务科、材料科、财务科、综合办公室等职能部门，工区与职能部门并列布置，接受职能部门的指导，工区纯粹是一个施工生产单位，工区内再按项目的复杂程度及

特点设置不同的施工队伍。

（3）模式框架。在这种组织模式中，设立带职能部门的工区，工区下按项目复杂程度和特点设立专业施工队伍，工区不仅仅负责施工生产。在这种模式中，工区类似于小项目经理部，要求工区长的素质很高，一般由项目副经理兼任工区长。当工程任务重、工期短、环境复杂，人员素质较高，项目经理倾向于分权的管理风格或需要兼顾其他项目时，可按第二种组织模式组织路桥施工项目管理。

在现有路桥项目施工过程中，由于项目经理倾向于集权，项目可用资源也较为有限，主要使用的仍然是第一种模式，但在一定条件下，第二种模式有更强的活力。路桥施工项目有很强的地域特点和专业特征，从上述两种项目管理组织模式的分析来看，不能确定哪一种组织模式更为合理，应该针对路桥施工项目情况的不同，选择不同的组织模式。路桥施工项目组织模式的设计因人而异、因项目特点、环境而异、因项目资源而异，不能一成不变，只有针对特点来进行项目管理组织模式的设计，才是最有效的项目管理组织模式。

第五节 路桥施工项目标杆管理

路桥施工项目包括两项内容，即制定路桥项目目标和实施路桥项目目标。标杆管理法与企业再造、战略联盟一并已被西方管理学界公认为20世纪90年代的三大管理方法。标杆管理是企业赢得竞争优势的基本管理工具和重要管理技术方法，也被证实是最有效的项目目标管理方法。标杆管理对改进和提高路桥施工企业的项目管理和项目赢利水平，具有极其重要的广泛的应用价值。

一、路桥施工项目标杆管理的概念解析和作用

（一）概念解析

考察标杆管理和项目管理的定义概念，考量路桥施工项目应用的实际特点，可将路桥项目标杆管理定义为：一项连续系统的路桥项目目标管理评估过程，通过持续地将自身路桥施工项目目标的制定和实施与一流或先进的路桥项目相比较，以获得显著提高路桥施工项目管理绩效的目标管理方法。此定义直接揭示了路桥施工项目标杆管理的本质特性：一是进行正规化、体系化、流程化学习的必要性；二是持续与一流的先进的路桥施工项目为参照的价值性；三是驱使路桥施工项目改善目标绩效管理的实用性。从概念定义、概念本质特性看，路桥施工项目标杆管理的内涵就是持续比较分析，发现路桥施工项目、企业、行业内外的最佳实践方法，将本企业路桥施工项目的实施和管理活动与本企业、竞争企业或者行业外其他优秀项目的实施与管理进行对比分析，评估本项目与研究其他项目，是将

路桥施工企业内外部的最佳或先进项目实践过程作为路桥施工项目目标管理的标杆，采取一系列改进和提高措施以达到和超越标杆的过程。

（二）作用

路桥施工项目标杆管理的主要作用有以下几方面。

（1）有助于路桥施工项目管理者掌握自身项目管理与一流、先进项目管理之间的差距，进而明确项目变革和改进的目标和需求方向，促进项目目标的实现。

（2）有助于路桥施工项目管理者制定系统详细、客观可行的项目改进的目标、评定标准和方法措施。

（3）有助于路桥施工项目管理者有可以比较的目标项目，正确认识自身项目管理的优点与不足，确定一系列项目活动的改进时序。

（4）有助于路桥施工项目团队建立学习型组织，营造良好学习氛围，提高学习能力。

（5）有助于路桥施工企业通过一种直接、渐进、持续的改进项目管理现状的目标管理实现途径，提高整体项目管理能力。

（6）有助于通过与标杆企业、项目的不间断比较，持续改进路桥施工项目管理目标绩效。

二、路桥施工项目标杆管理的实施流程

（一）前期宣传培训

在实施项目标杆管理的前期阶段，要通过企业和项目内部会议和各种媒体进行宣传动员，让管理者和员工充分了解标杆管理对路桥施工项目管理的重要意义和作用；企业聘请专业项目标杆管理专家，使用开发的项目标杆管理的专门教材和课程，运用项目标杆管理的支持工具，对企业和项目全员培训；与项目利益相关者有效沟通，获取其认同、支持和参与，熟悉其在项目标杆管理中的角色和作用。

（二）组建工作团队

有助于路桥施工项目管理者了解已被项目管理实践证明的切实有效的行动实施方案和计划，吸取标杆项目的优点，从而有效设计自身项目的目标改进方案。

（三）确定关键指标

工作团队可在对自身项目管理客观分析诊断的基础上，对项目管理基本过程和领域全方位以项目成功关键要素来考量，发现最薄弱领域、环节、要素，确定项目标杆的主题，继而进一步确定易于量化衡量的指标。

(四) 选择标杆对象

标杆对象的选择要结合自己实际和可学习的操作性，考虑信息的收集及与标杆企业互助的难易程度，应以业绩一流或先进的少数具有代表性的企业或项目为对象，标杆对象不宜过多，以 3～5 个为宜。

(五) 收集数据资料

一般使用 3 种收集数据资料的方法：一是通过网络、文献、专业协会、研究机构、咨询顾问、内部专家技术人员等渠道收集公共资讯；二是通过电话访谈、网络访谈、问卷调查、面谈和现场观摩学习考察、标杆的分析评价等途径收集；三是通过请公正的第三方在不公开自身组织的情况下收集，收集数据也包括自己的相关数据。

(六) 对比分析差距

对数据资料整合校正处理，提高其可信度和可用性，根据市场、行业、企业和项目的特点对比分析自身与标杆的差距，并分析出差距形成的原因和过程。对比分析既从整体把握也要从分项切入，如从招投标策略、成本核算控制、材料成本、工料成本、人工成本、管理水平、技术能力等分项细化对比分析。

(七) 制定实施方案

实施方案是路桥施工项目标杆管理过程的手段也是目的。方案应尽量量化详细，提出明确要求：内容应包括目标、任务、活动、能力、职责、进度、资源、成果等要素，实施的重点和难点、风险和挑战、应急预案等。指标包括单位产值成本率、利润率、材料周转利用率等以及相应技术指标等，应有计划实施的步骤等。对实施要予以监控，识别偏差和纠偏，对实施效果有明确的评估和相应奖罚措施。

(八) 总结评估改进

在路桥施工项目标杆管理实施后，应对其规划、目标、过程和最终效果进行评估，评估依据是实施方案中的具体要求，如单位产值成本率、利润率、材料周转利用率及项目整体管理绩效等。对发现的问题要找出原因，提出改进措施。总结评估改进可分阶段进行，使其成为持续过程。

(九) 标杆管理循环

一轮标杆管理后又开始新一轮标杆管理循环，路桥施工项目总是面对新的内外部条件、环境和新需求，持续循环开展标杆管理活动，才能保持对项目"最佳实践活动"的密切"跟踪"，确立新的前进目标，保持持续改进的动力。再循环标杆管理不是机械地重复，而是新的发展、改进和突破。

三、路桥施工项目标杆管理的五大途径

(一) 内部标杆管理

收集本企业具有优良业绩的路桥施工项目的经济和技术指标，排除非正常的偶然因素，将其作为路桥施工项目的标杆，形成项目的内部控制指标，并对实现标杆性的一系列指标所对应实施的管理手段和技术措施进行整合、分析、论证和提炼，形成新的项目标准化的作业流程，促进企业内部各路桥施工项目部理论水平，大幅度提高企业的整体项目管理能力和水平。项目由此制定的控制目标才是企业较高水平要求的目标，是项目实施控制乃至标杆管理的主要依据。

(二) 外部标杆管理

企业内部标杆管理制定的路桥施工项目的管理和技术标杆，并不一定是行业一流或先进的标杆水平。企业的定位要达到行业市场地位和经济技术水平，就必须将企业外部的竞争对手作为标杆，瞄准学习其项目经营、管理、运作、控制等标准和过程，这一过程是将行业最佳项目实践活动经验直接应用于本企业路桥施工项目的过程。鲁布革项目实际就是企业外部标杆管理的成功经验典范。1984年日本大成公司以低于标底的46%中标，不仅保质保量保期完成项目，且有赢利。我国企业以其为标杆伙伴，总结推广"项目法施工"，导致项目管理模式转变和能力的大幅提高。

(三) 功能标杆管理

路桥施工项目功能性标杆管理的实质就是跨行业选择标杆伙伴。任何行业均存在（如人力资源管理、物流、营销手段、项目管理等）一些相同或相似的功能和流程。功能标杆管理的优点在于：一是可以跳出本行业的条条框框，开阔视野，掌握当今最新世界的企业、项目经营管理方式和技术，找到最新的企业和项目最佳实践，跟上潮流，变革本行业和创新自己。二是一般跨行业的标杆伙伴没有直接的市场竞争利害关系，容易成为标杆伙伴取得其信息和配合支持。三是路桥施工行业一般科技含量低于制造业，制造业的许多先进项目管理技术方法可以成为自己追赶的标杆，如标准化生产、柔性制造、敏捷制造、精益制造、供应链管理、ERP、第三方物流等。与前两种途径比较，功能标杆管理也有其局限性，主要是投入较大，信息相关性低，最佳实践转换调整过程复杂缓慢，实施难度加大。

(四) 通用标杆管理

路桥施工项目通用标杆管理是指在同行业或不同行业中选择功能和流程不同的组织的项目作为标杆。其原理是尽管各组织的功能、流程不同，但组织的文化和核心精神有相似

或相同处。其优点是企业以完全不同的功能和流程的组织为伙伴标杆，可以最大限度地开阔胸襟和视野，解放思想，突破创新，大大提高企业项目管理竞争力，使项目业绩实现跨越式增长，最具创造学习性，其局限与功能标杆一样，只是局限的程度更深。通用标杆管理的要求更高，需要路桥施工企业项目管理者打破常规，突破思维定式，拥有改革魄力和普遍联系的想象力、创造力，能够挖掘事物本质特别是探求顾客深层次需求。

（五）社会标杆管理

社会标杆管理亦称第三方标杆管理。由于标杆管理投入大且需要专业积累，标杆企业的保密信息难以获取，自身企业或项目标杆管理无法实现规模优势效益，因此，可以聘请社会第三方（如标杆管理专家、咨询机构或行业协会）。如20世纪90年代香港地铁公司提出为期3年的标杆管理项目，由美、德、英、法等国知名运输公司和香港地铁公司一起组成的地铁联合会（COMET），委托设在伦敦大学的铁路技术战略中心RTSC收集处理信息资料。美国社会有许多第三方标杆管理的信息服务机构，如美国生产力和质量中心APQC下设国际标杆管理交流中心IBC、又如，美国休斯敦商业圆桌组织HBR即是为建筑业内成员提供建筑业内标杆管理服务。

实行项目标杆管理是一项系统工作，需要企业各个方面尤其是领导层的高度重视和投入，并持续坚持努力，成为路桥施工企业日常工作内容之一，成为促进项目人员学习能力建设的动力。引入和持续实施项目标杆管理，应该成为路桥施工企业争取在未来激烈市场竞争中独占鳌头的一条必由之路。

第六节 路桥施工企业项目管理系统

面对日益激烈的建筑市场竞争，越来越多的施工企业试图尝试通过各种途径来降低经营成本获得竞争优势，在需求拉动、信息技术推动以及管理理念更新等综合外力作用下，项目管理系统（PMS）应运而生。论文首先介绍了PM理论知识体系，并阐述了项目管理系统的组成和技术要求，最后分析了路桥施工企业的项目管理系统。

目前我们正处于城市化加速推进的历史其实，对于公路桥梁的施工也大大推进，路桥工程施工的质量是工程的重要指标，另外路桥施工中的安全问题也是另一个核心问题。安全施工是公路桥梁建设的高压线，一旦发生安全事故，不仅可能造成人员的伤员，而且会带来严重的社会治安问题，并给工程的进度带来极大的影响。所以做好路桥施工企业的项目管理至关重要。

我国路桥工程在20世纪90年代开始实行项目管理，经过了二十多年的发展，取得了一些进步，但是依然存在着很大的问题，路桥企业项目管理和现实发展之间仍然存在较大的差距。最近出现的一些重大路桥事故，比如哈尔滨阳明滩大桥的倒塌、河南连霍高速大桥因爆炸坍塌等，不仅带来了巨大的生命财产损失，更造成了恶劣的社会影响，给社会安全稳定带来了极大的影响，这些事故都是和项目管理的疏忽或不规范有关。

一、项目管理系统的内涵

在传统的企业中，当企业制定一个规划之后，参与项目的会有财务、行政等好几个部门，在部门运作过程中难免会产生一些冲突，这不仅造成了沟通成本的加大，也降低了项目实施的效率。

在项目管理中，因为某一个项目的需要不同职能部门的成员组成一个团队，在这个团队中项目经理是其领导者。这个领导者的责任就是能够有一个明确的团队前进方向，能够按时完成项目的整体工作，项目管理者同时也是这个项目的参与者，他参与整个项目从立项、到项目确定到最后收尾的全过程，同时在人力、资金、时间、以及采购、总结等各个环节对项目进行全方位的管理。因此项目管理可以帮助企业处理协调各个部门之间的关系，实现这个团队更高更好的运行效率。

项目管理系统从20世纪80年代以来在国防、航天、通讯等领域得到了广泛的应用。尤其是中国加入WTO之后，越来越多的企业界人士参加职业经理项目管理培训，以提高项目的管理水平，在激烈的市场竞争中赢得一席之地。项目管理系统是基于现代管理学基础之上的一种新兴的管理学科，它把企业管理中的人才资源管理、风险控制、质量管理、采购管理等有效地进行整合，来实现更高效、更高质量、更低成本地完成各项项目的目的。

二、项目管理系统的整体设计思路

因一般的大型路桥公司的分布地域广，网络通信条件又各不相同，所以本系统应采用分布式数据库方式，即在路桥集团建立数据中心和Web服务器，保存所有项目部的路桥工程项目数据，每个分公司通过网络在线访问服务器、查询、统计、分析路桥工程项目成本信息。各个分公司建立自己的路桥工程项目数据库服务器和Web服务器，保存本分公司建筑工程项目成本信息，项目相关管理部门访问服务器查询、统计、分析建筑工程项目成本信息。

各分公司的建筑工程项目成本数据采用可靠的数据传输方式上传到集团公司的数据库服务器。如果一个路桥企业合作单位分布地域广，网络通信条件又各不相同，系统可以采用分布式数据库方式，根据系统特点、用户需求、应用方式以及C/S、B/S的优缺点，确定采用C/S、B/S和单机应用方式结合。系统的体系结构分为四层：数据库层、应用架构平台层、业务系统层及信息门户层。

三、路桥企业项目管理系统的实现

路桥企业项目系统的设计与开发根据企业级应用体系思想与方法，基于系统设计原则，根据系统总体需求及项目实际实施，系统按其所完成的功能不同划分为下面几个个子系统。

（一）制造成本报表管理

路桥企业系统制造成本报表管理包括土建制造成本、机电制造成本两部分，主要由收入、制造成本两张主报表及分包完成工作量、单项物资合同款、集中招标物资合同款、临建分包完成工作量、其他制造成本等明细表构成。结合计划统计量，收入数据实质包括实际完成工作量、业主确认量、预估业主确认量，预估业主确认量造成的误差在次月补齐。

（二）物资进场管理

路桥企业物资进场管理包括公司统一招标物资合同进场管理、项目单项物资合同进场管理、项目零星采购物资进场管理。与现行工作模式相比，一方面物资进场记录一经录入审核，相关部门即可查阅到物资实际成本数据，可有效减少由于物资验收单未能及时送达相关部门造成项目成本起伏情况，另一方面物资进场记录与物资合同紧密挂钩，成为控制物资合同执行过程控制依据，可降低物资合同超付风险。

四、资金管理

路桥企业的所需资金一般都比较大，系统资金管理包括资金计划管理、工程款回收台账管理、分包合同、物资合同支付管理。与现行工作模式相比，系统具有以下特点：

资金计划由总额计划改为分包合同、物资合同明细计划，使得资金计划能真正成为合同过程支付控制依据之一，提高资金计划的严肃性，从而提高资金计划的准确性，为公司统筹资金管理提供更为可信的依据。

结合资金计划中工程款回收计划及工程款回收台账信息，在合同明细控制的同时，按照工程款回收计划完成率与资金计划总额的乘积实行总额控制，根据项目进度情况在资金层面提高公司以收定支管理原则的执行力度。

五、项目监督及跟踪

路桥企业的项目一般是长周期的项目，需要对工作进程、实际费用和实际资源耗用进行跟踪管理。大部分项目管理系统包允许用户确定一个基准计划，并就实际进程及成本与基准计划里的相应部分进行比较。大部分系统能跟踪许多活动，如进行中或已完成的任务、相关的费用、所用的时间、起止日期、实际投入或花费的资金、耗用的资源，以及剩余的工期、资源和费用。

六、数据分析利用

路桥企业的项目管理最后要按照开发项目、地点、单位、专业、费用类别等条件的综合汇总分析查询,并根据具体需求,出具分析表格。

本书分析了项目管理系统的内涵以及项目管理系统的整体设计思路,最后提出了路桥企业项目管理系统实现的几个内容,可以更好地管理项目,降低企业管理成本,提高企业运行效率,推进公司数据库建设,优化企业供应链,让公司员工职责权限更为明确,协同工作机制得到加强。

第五章 道路工程施工管理

第一节 道路施工管理现状与改善方案

近年来，我国道路工程的交通压力不断增加，为切实保证道路质量，延长道路寿命，施工单位需要从施工管理入手，从多个方面提升管理水平，从而在施工各个环节保障施工质量。从道路施工管理现状分析，施工环境复杂，涉及多种生产要素，由于各种人为和自然因素，施工质量和进度常常受到影响。施工单位要采取针对性的方案，加强施工控制和管理，实现规范化、科学化的管理效果，保障道路后期的运营质量。

一、道路施工管理现状

（一）质量管理制度不完善

目前，很多施工单位在道路施工中采用的是粗放的质量管理制度，在实际的道路施工管理中缺乏系统性，难以对施工各项工作进行统筹安排和有效控制，容易造成施工现场的混乱。同时，道路施工单位对施工质量管理没有足够的重视，仍然采用落后的管理办法，导致施工质量管理和进度控制缺乏科学性和有效性。一些施工单位在进行质量检测时，存在质量评价不客观的问题，难以全面掌握影响施工质量的因素，使得施工人员在实际的操作中常常忽视质量控制问题。

（二）原料和设备质量不合格

影响道路施工质量的一个重要因素就是原料和施工设备的质量，目前，很多施工单位经常出现原料和设备管理不到位的问题，影响道路的整体质量。随着时代发展，建筑原料和设备市场产品质量变得参差不齐，一些供应商为谋取私利，常常以次充好，向施工单位提供质量不合格的产品，而采购人员质量监管意识薄弱，没有对原料和设备质量进行严格把关，质量不合格的原料和设备投入到施工中，对施工质量造成严重的安全隐患。

（三）安全管理不到位

安全是一切工程项目建设的根本宗旨，道路施工中仍存在诸多安全隐患。在实际的道路施工管理中，一些施工单位并没有提高对安全管理的重视程度，导致很多安全事故发生。现代很多施工单位自主经营，自负盈亏，因此，一些单位为了实现经济效益的最大化，降低建设成本，甚至减少安全管理方面的投入，使得相关的防护措施不完善，不仅不利于施工人员的人身安全，还会严重影响施工质量。

（四）监督审查机制不健全

从道路施工管理现状来看，施工单位缺乏完善的监督机制，使得施工人员和技术人员的工作得不到有效的监督和审查，影响施工计划的实施效果。在道路施工中，施工单位首先应该对设计图纸进行监督和审核，保障施工方案的可行性，由于缺乏严格的监督审查标准，难以对施工图纸进行有效的评判，导致设计的反复调整和施工操作不科学等问题。工程竣工交接验收也是道路施工管理的重要环节，由于监督审查不到位，常常使得道路质量出现纰漏，难以正常投入运营，造成工程拖延问题。

三、道路施工管理的改善方案

道路工程具有良好的发展前景，但是发展过程中仍然存在一些施工管理方面的问题需要解决，要想有效解决这些问题，就应该找准产生问题的原因，有针对性地制定改善方案，从而发挥道路工程的积极意义。

（一）完善质量管理制度

道路施工单位要以国家相关的法律法规和建筑行业的施工质量管理标准为依据，不断完善质量管理制度。①建立工作责任制，将施工责任落实具体人员，针对不同的工作岗位，制定质量管理规范，调动全员参与施工质量管理；②建立相应的施工质量检查、监督和奖励机制，根据分项工程和施工技术的不同，确定施工质量监督和控制的重点，对于较严重质量问题，采取一定的惩罚措施，例如，扣除奖金等，以警醒其他施工人员，当然对于施工质量良好的工程，也要适当地进行奖励，从而激发施工人员的工作热情。此外，施工质量管理体系要明确规定整体工程、分项工程、施工技术及人员管理的相关标准和要求。

（二）提高原料和设备质量

对于道路施工原料和设备的采购工作，施工单位要进行严格把关，避免质量不合格的产品进入施工现场。道路工程采购部门要选择信誉良好的供应商合作，对原料和设备的相关合格证书进行严格的检查和登记，同时加强对原料和设备施工全过程的质量监督和控制，保障原料和设备的质量能够满足施工设计方案的要求。尤其是一些特殊的施工部位，更要严格按照设计标准和要求对施工材料进行科学的检测和鉴定，对于出现质量问题或者不满足施工要求的建筑原料和设备做出相应的退回处理，减少经济损失，并对供应商追究相应的责任，对规范建筑行业市场也有积极的作用。

（三）加强安全管理

施工单位必须提高对安全管理的重视程度，对道路施工中可能存在的安全隐患进行预防，从而保障道路工程的顺利施工。①施工单位要加强对施工人员的安全教育，通过各种宣传途径进行安全生产的宣传，提高全体员工的安全生产意识。②建立安全生产管理部门，并制定完善的安全管理制度，同时配备专职的安全检查人员定期或不定期进行安全检查，有组织地开展安全生产活动。施工单位的所有工作人员必须熟悉并严格遵守安全条款的各项规定，保障建筑的安全性，同时可以开展安全计划的总结与评比活动。③还可以通过建立健全的安全生产责任制，明确各个部门人员的安全管理责任，从而进行全方位的安全生产管理。

（四）健全监督审查机制

健全道路施工监督审查机制是保障道路施工质量的重要策略。施工单位要建立专门的施工监督审查部门，加强对施工各个环节的质量监管，严格监督施工人员的技术交底工作，并针对施工中的特殊或隐患较多的部位提高技术管理重视程度。施工技术图纸是整个工程实施的重要参考，直接关系到整个工程能否顺利进行。建设单位要对施工图纸进行全面、细致的审核与检查，针对工程中存在的重点、难点问题，明确各项技术规划，确保整个施工技术图纸的可行性。此外，施工单位还要检查加强竣工环节的质量控制，根据施工验收规范和质量检验评定标准，严格审查道路的施工程序，结合全面质量管理的思想和方法，明确质量管理目标和质量控制要点。

总而言之，道路工程的建设力度随着社会现代化建设的不断加快而增加，受到社会各界的高度重视。施工单位要对道路施工管理现状中存在的问题进行深入的研究和分析，并结合工程特点，制定有效的改善方案，不断完善质量管理制度，提高原料和设备质量，加强安全管理和审查监督，进而有效提高道路的管理水平，保障道路施工质量，为经济发展奠定良好的交通基础。

第二节　道路施工管理中如何体现创新管理

创新，是一个企业实现可持续发展的灵魂与生命所在，对于道路施工企业同样如此。当前，道路工程施工管理要求不断提高，需要创新理念与方法，提高道路施工管理效果。基于此，本节首先介绍了道路施工管理创新的意义，分析了当前道路施工管理的客观现状，并就道路施工管理的创新要点展开了探讨与论述，望对道路施工管理实践有所裨益。

道路工程施工是一项综合性、系统性较强的工作，具有投资规模大、质量要求高、技术工艺多等特征。随着时代的变迁，道路施工管理面临着更多新的要求，需要不断创新工程管理方法，以适应新形势下的道路施工管理新需求，保障道路工程事业取得长足进步。

一、道路施工管理创新的意义

长期以来，国家有关部门实施了一系列促进道路交通事业发展的大致方针政策，采取了一系列有效措施鼓励道路交通事业不断创新，我国道路交通事业取得了一系列令人瞩目的成就。当前经济社会发展势头迅猛，城乡一体化发展趋势凸显，汽车保有量连年攀升，道路交通压力激增，对道路工程建设及维护提出了新的要求。在这种背景下，若道路工程施工依旧沿袭传统落后的管理模式，势必难以满足经济社会发展对道路交通产生的新需求。因此，通过道路施工管理创新，有助于将新形势下的新技术全面应用于道路工程实践，有效促进新型技术方法向先进生产力的转化；有助于降低道路施工企业经营管理成本，防控外在经济风险，提高经济效益；有助于推动道路施工管理向着更高质量、更高效率的道路迈进，为经济社会发展提供坚实的基础设施保障。

二、当前道路施工管理现状分析

（一）思想重视不足，创新意识淡化

纵观当前道路工程施工管理实际，更多地注重工程进度、工程质量、工程效益，对施工管理创新意识相对淡化、虚化，片面地认为只要按部就班地完成施工即可，实施施工管理创新会造成额外不必要支出，这种片面意识的长期存在，造成道路施工管理长期停留在相对低级的层面，难以得到有效扭转与提升。

（二）对道路施工材料掌控不严

在道路施工材料质量控制中，忽视对生产厂家及供应商资质的审查与评估，使质量参

差不齐的原材料混入施工现场，为后续工程管理带来难度。加之，对道路施工原材料堆放管理不规范，造成部分材料应有性能丧失，导致资源浪费。

（三）专业技术不精，缺乏创新根基

道路施工管理是一项对专业技术要求较高的实践性工作，需要可靠的专业技术作保障。当前，道路工程施工管理人员对专业技术的掌握力度普遍不足，无法以深厚的专业技术为基础，实现施工管理措施的精细化。尽管部分情况下实施了管理创新，但由于专业技术不甚精湛，制约了最终实际效果。因此，为实现道路施工管理的不断创新，取得更为理想的施工管理效果，必须强化专业技术能力，为制定创新型的管理措施奠定基础。

（四）工程成本管理失控

道路工程规模大、投资多，工程的顺利进行需要充足的资金保障为前提，对成本管理控制措施产生了强烈需求。但工程管理实践中，由于管理者统筹整合力度不足，不能有效权衡材料采购、设备维护、人工薪酬等方面的潜在关联，成本管理顾此失彼，既阻碍了道路工程的有序实施，也未能取得有限资金价值的最大化。

三、道路施工管理的创新要点探讨

（一）制定高标准的质量管理体系

在道路施工管理中，为有效保障创新效果，首先要从建立高标准的质量管理体系着手，为实施创新提供必要的制度保障与依据。对此，要始终牢固树立创新理念，细化工程质量监督检查制度，强化治理管理体系的科学性与可靠性。要提高对创新管理的重视程度，全面认识到创新管理举措在优化道路施工流程、降低施工成本投入、提高经济效益等方面的重要价值，使创新理念渗透到道路施工的各个环节，真正体验到由创新带来的巨大实惠。

（二）整合工序环节，优化工序质量控制

道路施工环节多，工序复杂，对不同施工阶段的衔接性要求较高，因此必须通过整合工序环节，严控各个不同工序质量，确保道路施工衔接有序。对于一般工序，由于其对整个道路施工影响相对较小，可置于质量控制的次要地位；对于关键工序，由于其在道路施工中的特殊性，必须引起高度重视，制定专门方案，配备专门团队，予以严格掌控。要全面梳理道路施工工序环节，分析不同工序环节的材料、技术、人员等资源需求，使各个环节紧密衔接，将道路施工全过程整合成为一个系统化、立体化、层次化的整体。

（三）创新施工技术管理

施工技术与工艺对于道路施工管理创新具有重大意义。道路施工技术人员要不断提高

专业技术水平，积极学习领会新形势下道路施工的新技术、新工艺、新方法，做到融会贯通，全面应用于道路施工实践，提高施工过程的技术含量。要积极引进先进的道路施工机械设备，通过新型机械设备的充分应用，提高道路施工质量与效率，要立足于施工技术管理创新，优化工程进度控制，在充分保证施工质量的基础上，适度压缩工期，争取在有限的时间内完成更多工程量，取得更为显著的经济效益。

（四）创新成本、人员及安全管理

要统筹细化各个施工阶段的成本构成，压缩不必要的成本支出，全面权衡不同成本构成项目之间的潜在关联，做到量化管理。要突出"以人为本"的管理理念，充分尊重"人"在道路施工中的关键地位，积极开展丰富多彩的业余文化活动，劳逸结合，并通过特定的奖惩制度，激发"人"的潜力潜能，引导"人"将自我个人价值与企业集体价值统一起来，提高其归属感和荣誉感。要强化安全宣传教育，做到预防为主，将安全理念贯穿于道路施工始终。

总之，当前道路施工管理实践中存在的问题不容忽视，需要保持高度警惕，坚决防止道路施工质量问题的出现。为有效实现道路施工管理创新，技术人员要以道路工程施工客观实际需求为出发点，不断学习掌握施工管理新知识、新理念，及时更新专业知识体系结构，切实提高自身工作能力，为实现道路工程建设事业的可持续发展保驾护航。

第三节 市政工程道路施工管理与质量控制

随着我国城镇化发展速度的不断提高，市政道路的建设也呈不断上升趋势，随着市政道路工程的数量不断增加，市政道路工程的企业单位也迎来的远大的发展前景。市政道路施工的质量问题与人民群众的生活息息相关，如何加强市政道路施工中质量的控制与管理，提高市政道路的施工质量，已经是政府和施工单位所必须解决的主要问题。

在市政道路的建设中，施工的企业单位一般会因为注重施工的速度而忽略了市政道路工程的质量问题，无法保证市政道路工程应有的质量，导致市政道路的事故时有发生。对市政道路工程中质量进行合理的控制和管理，是市政道路工程的质量得到提升的有效措施。

一、市政道路工程质量控制的概念

市政道路工程质量控制的概念是指，在市政道路工程的建设周期内，对整个工程所进行的有利的、全部的、和此工程相关的组织、协调、策划、监控等有关的项目管理的活动。管理的目标是在一定的约束条件下，完成此工程在最开始就制定好的建设项目的最完美的目标。通常情况下，约束的条件只要包含有可以使用的人力与物力资源、对工程质量上的要求、对工程施工进度的要求以及在进行签约时合约书中与之有关的其他方面的要求等等，而工程在最开始就制定好的目标一般为市政道路工程的质量、建设周期以及投资控制的目标在最完美的情况下进行实现。即要求在市政道路工程的建设中，对工程的意见书、设计方案、设备的价格、工程决策、施工过程以及完工验收等方面，进行有关的组织、协调、策划、监控，最终实现保障市政道路工程的质量、缩减市政道路工程的建设工期、提升企业单位投资的效益的目标。

二、市政道路工程中存在的问题

（一）招标中出现违规现象

我国的市政道路工程大都使用招标、投标的方式进行施工单位的确定，中标的人员全权负责此工程的建设施工。业主评委占招标过程中整体评委的相当一部分的比例，业主的态度对最终的招标结果很大的影响。一些地方上的政府人员没有较高的素质，存在有大量的收受贿赂的行为，一些市政道路工程企业单位的责任人会在投标大会前向有关的业主委员进行收买，使很大程度上的监管部门应发挥的监管能力受到阻碍。某些市政道路的施工企业在招标的过程中，随意抬高招标的价格，业主在此项目中收到了更多的利益，施工企业也包揽了此次的施工项目，而施工企业为了挽回自己在招标过程中损失的利益，必然会降低项目的质量，使得该项目工程的质量严重降低。

（二）施工现场管理不当

施工现场的管理工作对施工的质量有着一定程度的影响。对施工现场进行管理，就是对施工现场的每个流程和步骤进行指导、监察的管理过程。由于市政道路的施工极易受到地质情况、基础设备、施工技巧以及行政等较多因素的影响，导致市政道路施工现场的管理工作成为一大难题。

（三）施工企业只重视施工的速度，忽略了施工质量

由于我国社会发展情况的原因，大部分的施工企业和个人对国家现有的建筑领域实施的监管制度的认知错误，在施工的过程中，施工的企业与开发商对施工适量监管的真正作用视而不见，监管制度在市政道路的施工过程中无法发挥作用。部分的企业负责人只看重施工的工期，导致相关的监管部门也只看重施工的工期，对项目的质量不够重视。很多地方上的质量控制都是纸上谈兵，仅仅是为了应对有关部门的一些检查，只是走个流程。

（四）进行施工的人员整体素质不高

市政道路工程的建设主力就是施工人员，施工人员的素质对市政道路工程的施工质量

有着重要的影响。而目前的实际情况是，市政道路工程的施工人员大部分都是农民工，文化程度相对较低，相关的专业技术掌握程度不高，导致施工人员专业的素养不高，有的施工人员干脆就没有，这样的现象直接说明施工人员整体的素质相对较低，也就阻碍了市政道路施工工作的顺利开展，影响了施工的质量。

（五）施工企业巧立名目

一部分的施工企业为了在市政道路工程的建设中获取更大的利益，会费尽心机的改变道路建设的工程总量，让政府增加对项目的投资，进而获得更多的利益。例如，有的施工企业在进行石渣基层填筑时，施工企业对石渣的方量进行虚假的报备，导致政府拨发的工程款增多，施工企业将多余的工程款放进了自己的口袋。

三、加强市政道路施工管理与质量控制的有效措施

（一）提高政府人员的素质，依法办事

提高政府人员的素质，在招标的过程中依法办事，杜绝招标过程中出现违法违纪的行为。在招标的过程中，进行招标的施工企业应该拥有工商营业执照，同时具备相应的市政道路工程施工的资质。政府人员依照工程承包合同规定的内容进行招标，市政道路工程建设中采用的材料、产品、设施等等，其质量要符合工程的设计方案、合同以及国建相关产品质量的要求，政府人员不得指使或者威逼施工企业采用不符合标准的材料、产品、设施。在市政道路工程施工的过程中，政府应为其分配一定的质量管理人员，以国家的法律法规为标准，对工程实施监管，同时有相应资质的单位签订监理合约，委托监理单位对工程进行监理。

（二）构建完善的质量管理体系

完善的质量管理体系是市政道路工程施工走向标准化、合理化、科学化的有力保证。只有做好工程质量的管理工作，才能对工程的质量提高保障。首先，施工企业依据国家规定的法律法规以及合约的内容，对工程质量的管理工作设定合理、周密的工作制度，使施工质量的管理工作不断的标准化、合理化、科学化。其次，施工企业要依据流程进行施工，把监控落实到每个环节的细节和重点。

（三）提高施工人员的综合素质

施工人员的综合素质关系到工程施工的质量，提升施工人员的综合素质是施工单位所必须攻克的重点难题。施工企业对自己招募的施工人员必须进行岗前技能培训，施工人员与技术人员在上岗前必须接受考核，要做到持证上岗，若施工人员在短时间无法提升自己的技能，除了要进行岗位培训，还要对施工人员进行定岗定责，提高施工人员质量安全的意识。

(四) 对可能出现的质量问题有应对措施

市政道路工程的建设工期长，施工的环境相对复杂，各种因素带来的问题都有可能增大市政道路的是施工难度，进而影响工程的质量，政府和施工企业应提前对可能出现的问题准备应急措施。例如，原材量的质量检测与堆放、施工过程中人民群众造成的生活上的影响、施工过程中遇到天气突然发生变化的应急方案等等。将可能影响市政道路施工的因素都考虑在内，对施工过程中有可能遇到的问题提前准备好应对措施，使得影响市政道路工程质量的因素被扼杀在萌芽状体或者尽快地解决，进而保证市政道路工程的质量。

综上所述，市政道路的施工质量关系着道路的性能和寿命，施工过程中对质量的控制和管理是工程质量的保障。只有做好市政道路工程中质量的控制和管理工作，使得市政道路的施工走向标准化、合理化、科学化，提高市政道路施工的质量，才能建设出性能好、使用寿命长的道路，即保障国家的投资收到了回报，也提高了人们的生活水平。

第四节 交通复杂情况下的市政道路施工管理协调

市政道路工程是城市基础设施建设中的重要组成部分，经过几十年的发展，我国在市政道路工程建设领域已经取得了良好的成果，同时科学技术的迅速发展，也为市政道路工程建设质量的提高提供了有力支持，但是市政道路工程施工中还受到诸多因素的影响，而给市政道路工程施工的顺利进行造成一定的阻碍。文章以市政道路工程施工中比较常见的交通复杂情况为例，探讨了施工管理协调、交通疏解策略。

市政道路施工中，不可避免地会给城市交通状况、周围环境带来一定的影响，在面临交通复杂情况的时候，做好施工管理协调，包括交通疏解、现场组织管理，缓解市政道路施工给交通造成的影响，降低交通情况给市政道路施工造成的不利因素，对于确保市政道路施工进度、施工安全、施工质量，有着重要的意义。

一、交通复杂情况下市政道路施工管理协调中的交通疏解

(一) 交通疏解原则

市政道路施工管理协调中，应当积极缓解市政道路施工给交通造成的影响，这就需要进行交通疏解。实际开展交通疏解的时候，应在满足交通疏解要求、符合市政道路施工要求的前提下，确保交通疏解的经济合理性、施工方便性以及技术可行性。充分考虑路网实际流量、具体分布情况，尽量控制道路施工给交通运行带来的不利影响。同时，也要充分

考虑路中交通疏解、交通网络疏解之间的协调，避免道路施工给城市交通造成的影响。市政道路施工中，应尽量减少不必要的施工占道，为确保车辆正常通行，应在每个施工地点留出一定数量的车道，采取合理的交通分流疏导，可以缩短市政道路工程的施工时间，同时通过减少施工占道，也可以满足交通要求。通过优化交通组织，可以减轻施工点位上的交通压力，同时根据市政道路工程施工中的交通特性，结合市政道路工程的施工要求以及现场施工情况，调整施工区域中的交通组织，可以缓解交通压力。需要注意的是，由于市政道路施工会在一定程度上影响道路的原有通行能力，因此应当安排一定数量的协管人员，根据施工路段的长度，安排协管人员执勤疏导交通，尤其是在重要节点、交通高峰时期，交通管理部门应当安排专人负责现场巡逻、执法，以促进交通管理水平的提高，确保交通运行的效率。

（二）交通分流

首先，市政道路施工过程中的交通组织。一方面，施工队伍在各标段进行实际施工的时候，可以采取半幅方法，也就是以地理条件、施工任务以及施工内容为根据，将整个作业面划分为若干个，并平行施工，从而形成了独立格局，保证道路施工中车辆也可以顺利通过。另一方面，施工单位在实际施工中，应以交底确定的时间为根据，确定施工工序、施工进度计划，保证施工中道路的通行能力可以达到正常的60%以上。

其次，交通疏解管理。第一，交通疏解管理中，应确保所有类型的交通工具均可以顺利运行，原则上小型客车不可予以分流；第二，各主要道路需要在适当的地点设置临时标志，以便于引导车辆顺利通行；第三，可以不封闭交叉口，并将交叉口当作场地通道，道路施工中，对交叉道路间进行施工的时候，可以采取半封闭施工的方法，也就是分段、分幅施工的方法；第四，交通疏解管理过程中，各部门之间应当加强配合，安排专门人员对路况进行实时调查，了解车流量、车辆装载状况、车种等情况及其对道路施工的要求，以便于为市政道路施工管理协调提供可靠依据。

最后，确保通车顺畅。市政道路施工管理协调中，应加强与交通管理部门的交流与写作，共同制定应急处理预案，并要提前准备好抢险设施，以便于出现交通事故的时候第一时间处理。为避免车流量的大幅度增加，确保交通安全，市政道路施工中，最好在夜间运输土石方。

二、交通复杂情况下市政道路施工管理协调中的现场组织管理

市政道路施工管理协调中，应当降低交通情况给市政道路施工造成的危害。有研究指出，交通复杂情况下，可以采取半封闭式分段、分幅施工的方法，来确保市政道路施工的顺利进行。

首先，分段施工指的是，根据道路交通量、道路实际情况以及市政道路工程的设计施

工内容，制定先路线施工、后改造施工的施工方案，在条件较好的区域内实施半封闭施工。经过实践证实，采取分段施工的方案，可以在确保市政道路施工顺利进行的情况下，保证交通流平稳，车辆疏导效果良好，确保不出现严重堵车现象。

其次，分幅施工指的是，不满足分段施工要求的路段，将需要进行施工的车道分为若干个板块，采取跳跃式、半封闭式的改造施工。例如，某工程便是将改造车道从左到右分为了1～4号四个板块，先对1号、4号板块进行施工，并进行封闭处理，1号、4号施工的时候，将2号、3号当作临时交通通道，对于需要封闭处理的板块，不进行连续封闭，而是以5米～10米作为一个间隔，设置100米的封闭处理，同时在间隔空间中设置停靠平台，为施工提供便利，避免施工停靠给交通流造成的影响。1号、4号板块施工结束后，在采取同样的措施对2号、3号进行施工，2号、3号施工的时候，将1号、4号当作交通通道，对于需要封闭处理的板块，不进行连续封闭，而是以5米～10米作为一个间隔，设置100米的封闭处理，同时在间隔空间中设置停靠平台。

市政道路施工中，通过采取半封闭式分段、分幅的施工方法，可以得到理想的效果。但需要注意的是，这种施工方法为框架式的组织方式，市政道路施工中在很大程度上受到外部环境的影响。因此，市政道路施工管理协调中，应当根据实际施工情况、交通情况，随时对组织方案进行调整，以减少甚至避免外部环境对市政道路施工造成的影响。

综上所述，交通复杂情况下，可以从交通疏解、现场组织管理两个方面入手，提高施工管理协调水平，在保证市政道路施工顺利进行的基础上，保障交通顺畅，从而确保市政道路工程的经济效益与社会效益。

第五节　城市道路施工管理方法

城市建设在飞速发展的同时，对城市道路建设的要求也越来越高，但是目前城市道路工程所面临的困难越来越多，施工前期的场地考察，施工中的材料、天气、人员施工水平等，施工后期的机械、路面桥梁的保养等等出现的问题层出不穷，要想在规定时间内既要保证施工质量又要按时完工还要保障施工安全就必须从根本上找原因，主动分析施工中的难题，优化设计施工方案，完善管理体系，提高施工技术，增强施工的责任意识，这样才能改善城市道路施工的弊病，为将来的城市建设提供良好的技术支持。

随着近几年我国经济的不断发展，人民生活水平的提高，城市道路建设有了突破性的进展，道路项目建设的范围在不断扩大，道路质量也有了很大的提高，但是在一些中小型的城市中，道路建设目前还是跟不上我国总体的道路施工水平，要么建设质量不合格，要么就直接是形式化的面子工程、"豆腐渣"工程，这大大增加了居民生命安全、财产安全的隐患。对于这些问题归根结底就是道路施工管理不当、质量要求不达标、没有科学合理的施工管理体系，设计方案不合格造成的。所以加强道路施工管理、提高道路建设质量是当前城市道路建设最关键的问题。

一、城市道路施工管理的现状

（一）施工原材料不符合质量要求

如今市场经济的发展为道路施工建设带来了很大的发展空间，使施工原材料的种类更加多元化，在道路材料的应用上也更加丰富，为原材料市场带来了巨大的经济利益，与此同时，市场经济也带来了负面影响，如有些商家为了赚取更大的利润，会使用一些低廉的材料甚至偷工减料降低原材料的质量，如：清砂使用风化砂或清砂中掺入一定比例风化砂以次充好，再者还有利用石粉代替清砂等等。采购人员如果不认真检查把关的话，很容易买到这些不合格的原材料从而影响道路工程的质量，影响产品使用年限，损害了建设方和国家的利益。

（二）施工方管理意识差

现阶段在道路施工建设中出现了一个通病就是过于重视施工技术的创新发展而忽视施工管理，道路施工的过程基本就是考察场地，设计施工方案，运用合理的施工技术选取合理机械设备展开施工，在规定的时间内竣工等一系列流程。特点是施工战线长，施工项目班子组织机构设置不完善，管理层人员的科学组织施工水平不高，管理层的管理意识不强等普遍原因，导致道路施工延时，人、工、机成本加大等状况时有发生。

（三）施工质量问题

质量是所有工程最关注的问题，对城市道路建设而言也是如此，优秀的城市道路建设不仅能够带动我国经济的发展也能够提高人民的生活水平，为国民带来直接的生活方便，对促进社会和谐也有一定的作用。道路一旦出现质量问题就会影响到整个城市的建设及发展，所以城市道路建设对道路的质量要求是很高的，就目前为止还是有很多施工单位在道路施工过程中不够规范，依旧凭经验、凭习惯管理施工现场，在选择设计方案时施工组织设计考虑的不全面，遇到突发问题时处理方法不合理，道的质量标准也随之降低，再加上原材料选用不合格，施工队伍技术水平不高，偷工减料的现象时有发生，为了完成任务而完成任务，过于追求施工速度而影响到了整个工程的质量，这些问题的出现所导致的后果可能是地面凹陷、开裂甚至塌陷。如：道路施工中，沟槽回填不能分层夯实，检查井周围等薄弱地方遇水下沉导致路面塌陷。再者沥青混凝土中原材料配比不够，沥青含量减少等病害导致路面开裂。

(四) 资源浪费严重

城市道路工程是政府投资建设的项目，所以一般施工单位不需要过多地考虑资金问题，在道路施工过程中由于各种原因总是出现物资采购及领用不当的状况，甚至出现领用材料过多超出计划量的情况，再加上管理不当，保存不力的状况这很有可能使物料变质，如水泥的使用保管，这种情况下就只能重新采购材料，从而增加了额外的人力物力及财力甚至导致工期延长，由此可见对资源的合理化使用是多么重要。

二、加强城市道路施工管理的方法

(一) 加强对原材料的质量管理

对施工现场的施工材料一定要严格采购程序，严格报验程序。在材料进入施工场地前，建设单位、监理单位、质量检查部门一定要仔细核查并抽样送检，经有关部门出具相关的质量证明报告后方可进场使用，保证施工材料的安全性及符合施工要求，施工过程中建设单位、监理单位、施工单位质量管理工作人员要根据质检部门出具的报告仔细核查是否与施工材料实际情况相符，不仅要核查材料的质量、数量，还要仔细检查外观等，保证送检材料样品与工地实际使用材料的一致性。

(二) 加强对施工人员施工技术管理

施工人员的专业素养是影响施工质量的关键因素。要想提高施工效率及工程质量就要提高施工队伍的施工素养，在选择施工人员时要严格要求，让他们了解到施工中的各项施工标准及要求，提高自身的专业水平，在施工前进行业前培训，让他们深入了解作业的内容，选出优秀的技术人员组成高素质的施工班组，并由他们任班组长，由他们指导带领其他施工人员完成施工要求。提高施工人员应对突发状况的能力，使他们能够及时、灵活的解决问题。积极引进人才促进新成员与老技术人员交流的机会，相互学习，相互促进，相互提高。

(三) 构建完善的施工管理体系，提高施工质量

国家的建设管理部门要加强对施工单位的检查、指导、培训，特别是对施工单位管理人员进行思想教育，施工单位要制定责任制度，明确分工、明确职权属性，建立质量安全管理体系，设立专门的检查小组定期检查，定期开会，汇报检查中出现的问题，会议上讨论出相应的解决办法，检讨反省不足加以改进，还可以设立网络留言系统，建立职工手机微信群，鼓励员工建言献策，采取对管理有帮助的建议发布到管理体系，这样由员工和管理者共同构建的制度体系更容易让员工实行，对员工实施动态管理，使他们能够严格地按照管理体系做事，共同贯彻落实管理体系。

(四) 加强对施工器械的管理

施工单位在进行道路施工过程中最大原则发挥多种施工机械设备的优势，在使用机械的过程中要及时记录好机械设备的耗损情况、保养状态、运行状态，在施工前根据施工状况选取合理的施工设备进行施工，以此减少不必要的损耗。操作人员的技术也会影响到机械的耗损，所以人员要定期培训持证上岗，提高操作技术，施工完成后及时对机械设备进行保养维护，针对机械耗损情况及时修理，对易损件及时采购备货，以延长施工设备的使用寿命，保证工地正常使用。

(五) 完善施工方案设计

城市道路在施工前要对施工现场进行考察，制定出相应的施工方案，编制方案时进行比选，并应针对施工中的重点、难点、关键点要编制专门实施要点细则，同时要编制应急预案，只有这样才能在出现突发状况时按预设方案及时处理。技术人员也可以多学习参考西方的施工组织设计方案，再根据我国道路的实际情况去设计编写，使之逐渐与国际化水平接轨。

(六) 公开招标

城市道路建设充分利用公开招标的优势，选择优秀的施工单位，为此在编制招标文件上，在符合国家法律法规的前提下，对施工单位资质、业绩、诚信、获奖情况，以及农民工、劳务队工资拨付情况尽可能予以考虑周全，最终选取优秀、可靠的施工队伍。

(七) 做好工程验收工作

道路建设完工后的验收工作是很重要的，因此要严格按照国家建筑市政道路工程验收规范程序组织实施，并将工程资料归档，做到有据可查，保证工程产品后期运行维修管理。

城市道路建设对我国的城市建设很重要，只有道路发展起来了才能带动该城市的经济发展，各个施工单位在施工过程中要加强管理，创新管理方法，提高施工人员的专业素质，制定科学合理的管理体系，只有这样才能保证城市道路的健康发展，促进城市建设的活力。

第六节 道路施工管理思路

道路工程对与地方的发展有着重要的意义。这是一项团体的工作，需要团队的高度团结，作为管理曾需要有强的质量和安全认识，对于标准规定必须要不打折扣的完美执行，制定全面的制度，充分调动员工的积极性，要有对错误零容忍的坚决态度。对施工人员普及各项知识，鼓励员工参与工程的监督与管理，做有良心的工程。

一、加强道路管理思路

(一) 加强道路管理的必要性

道路施工管理对着道路工程有着重要意义，对目前的道路管理来说，管理制度还是有着很多需要提高的地方，在很多的时候并不能满足实际需求，在各方面的不足无法全面考虑、没有充分发挥城市道路，对人们的生活、生产产生了不必要的影响，产生了不必要的资源浪费，所以合理的规划不论是对城市的建设还是提高居民的生活水平都有着重要的有意义。杜绝应道路质量引发的安全问题，不仅仅是对社会国家负责，更是对自己负责。在道路管理上容不得一丝忽视，不能心存侥幸，要把问题扼杀在萌芽中，在质量的问题上对细小的问题也要深究，不给错误留下机会，充分的保证行人的出行安全。在管理的过程中，需要要对施工实时考察，对道路施工可能产生的种种问题要有预备方案，合理科学的处理好工程问题，不给问题留下可乘之机，在保证质量的前提下更好的服务大众，对人们的出行和安全做到最大的保证。伴随着基础工程的不断建成，一些工程问题也在不断地暴露，正是在这样的背景下，加强对道路的建设管理更显得重要。

(二) 道路施工管理现状

道路施工的管理是不容忽视的，在许多的道路管理建设之中，往往限制于管理者的忽视，对许多的问题没有进行细致的管理，对于施工人员的问题没有妥善解决的办法，在施工过程过程中道路质量没有达到规定的标准后，不去积极的处理，也加大了后期的维护费用，增加了维护的难度，在社会中造成了恶劣的影响，引发了社会的广泛关注。要保证道路施工的质量，必须加强对施工的管理与监督，加大对工程的管理，方可避免。城市道路的建设是一个复杂、多元的问题，对与今后的发展需要有一定的前瞻性，对于一个地方的发展更是有着不可忽略的重要性。在施工过程中恶劣的施工环境，落后的管理机制，还有不齐全的基础设施，对行人不负责的心态，是导致道路质量事故频发的重要原因。建立完善的管理机制，合理、科学的管理，针对性的解决存在的问题，保证工程的质量的同时处理工程带来的相应问题，提高施工水平。

二、如何强化道路管理

(一) 施工质量不容忽视

长久以来，道路的质量问题不断发生，道路的安全与居民的生活密不可分，是居民生活的最低保证，对居民生活水平的提高和地方经济的发展都有着重要意义。所以道路施工质量不容忽视，时刻保证居民的生活与发展。首先，要对施工材料仔细选择，严防不合格的材料流入工地，对每一批的材料进行仔细检测，把问题在源头上消灭，做好安全的第一关，对不符合要求的材料，进行退货。对施工过程中的问题进行详细记录，不忽视细小的问题，记录好真实的数据。对施工过程进行严格的监督，把握好施工的节奏，对关键部分需要单独管理。在施工过程中，要严格按照标准执行，对待错误要有坚决的态度，不符合标准规定的地方，需要有合理科学的解决方案，对施工的道路进行仔细的检测，不去忽视细小的地方，要时刻把质量放在第一位。

（二）科学管理施工进度

在施工的过程中，把握好施工的进度，合理的安排施工的进度对施工有着重要的意义。在施工现场进行实时考察，有序的组织好工程之间的相互顺序，要对每个环节的工作进度有着详细的了解，让每个环节处于可控的范围之内，同时要处理好施工工序之间的相互关系，保持每个工序的独立性，让个个工序相互交叉独立地进行，保证工序之间的同步性。为了保证施工进度的有序发展，还需要与有关部门进行必要的协调，在完成施工的同时做到和附近的居民互不打扰、相互帮助，在施工可能产生的种种问题上要提前与有关部门协商处理，在保证道路施工的有序进行的同时，妥善处理好工程所产生种种问题，确保工作可以高效的进行。

（三）施工安全需要特别注意

在进行施工的同时，工程质量同要重要的就是施工人员的安全问题。配备齐全的安全管理，在达到施工目标的同时保证施工人员的安全问题，是不容忽视的。完善监督管理制度，制备妥当的管理措施，对于违规人员进行先教育后批评的管理措施，让有经验丰富的安全管理人员在现场进行督促，要把问题消灭在摇篮，进行现场指导，改正施工人员的不良习惯，注重对施工人的安全教育，要确保安全教育落实到位，对员工的职业技能进行考察和培训。提升员工的安全知识，让员工自觉遵守相应规定，对周围的不安全事项进行整改，让员工参与安全的管理，对不安全的事项进行相互监督、相互管理，加大对有安全意识高的员工奖励，鼓励员工对管理层的正确批评。最后，对在施工现场进行严密封锁，在施工区域张贴标识，在施工范围内仔细检查可能出现问题的地方，并组织人员定期检查，完善管理措施中的不足之处。

道路的施工需要与参与的所有人员都有密不可分的关系，在施工过程中要做好工程记录，对施工现场仔细排查，杜绝一切施工不标准所产生的问题，接受政府和社会人员的监督。对施工人员的培训是不可缺少的，制定科学的管理体系，方可全面的发展，在施工中不断的改正发现的问题，不断进步，实现道路工程的有效发挥。

第七节　当代高速公路道路施工管理与养护

主要研究了高速公路道路施工管理和养护措施，首先阐述高速公路养护的重要性，然后对其施工环节存在的一些问题进行了探讨，包括管理人员的问题、管理技术的问题、施工管理制度标准的问题、施工材料质量问题等，最后提出了一些有效的改进措施以及路面养护措施，希望可以给今后的高速公路道路的施工建设提供一些帮助。

随着时代的发展，人们生活水平的提高，对高速公路的施工质量也提出了更高的要求。高速公路是我国交通的重要载体，如果出现质量问题，会直接影响到人们的日常出行安全。为了保证高速公路道路的质量安全，不仅要从施工管理过程就保证道路质量，而且要做好日常的公路养护。高速公路道路施工管理可以说是一项比较复杂的工作，不仅要确保使用的各项材料符合相关标准要求，而且也要重视施工过程中的质量监管。在实际施工过程中，总有一些工作人员思想觉悟不够，没有认识到道路施工管理的重要性，玩忽职守，没有落实各项工作，使得部分环节的工作没有具体落实，对高速公路的道路质量造成了影响，目前还急需进行改善。

一、高速公路养护的重要性

对高速公路进行有效的养护可以保证运输系统充分发挥其应有的功能，使得高速公路可以顺畅通行，当遇到重载车辆或者大量车辆通行时，也能保证道路的畅通性。进行养护工作可以大大提高高速公路的经济效益和社会效益。因为高速公路在通行以后，受到过往车辆和其他因素的影响，经常会出现公路阻塞或者是损坏事故，对于这些事故如果不及时处理，就可能影响到高速公路的使用，导致交通无法正常进行。

高速公路的养护基层单位应该对高速公路的运行状况有及时地了解，根据高速公路的实际情况进行养护作业，保持高速公路的通畅性，为人们提供良好的行车环境。对高速公路上出现的问题一定要及时上报并解决，对大众修的养护周期要适当延长，这样才能在降低养护维修费用的同时提高道路的安全性和通畅性。在进行养护作业时一定要做好防护工作，避免给过往车辆造成意外伤害，对于车祸现象一定要及时控制和清理，避免出现二次损害。

在进行高速公路养护管理时，可以使用一些科技含量较高的技术，使高速公路的养护体系更加的现代化。不断的进行研究，开发新的技术和设备，通过应用大量的新设备和新技术，来提高养护水平。完善高速公路的养护工程，使得公路可以得到全面的养护，提高高速公路的通行质量。

二、施工中存在的问题

(一) 管理人员的问题

在高速公路的施工中，离不开管理人员的作用，管理人员个人素质以及相关的专业水平的高低，都会对道路养护工作以及施工管理工作的整体质量造成直接影响，所以要想提高工作的质量和水平，首先要提高工作人员的个人素质以及专业技能水平。然而，目前在很多施工企业中，仍然聘用了很多个人素质以及专业技能不达标的工作人员，当这些工作人员参与到日常工作中之后，势必会对工作进度以及质量带来影响。还有一些工作人员过于贪图个人利益，不认真进行工作，而且存在吃回扣的现象。因为在施工现场没有专业的人员进行指导，导致各项工作有时会出现杂乱无章的现象，影响工作的进度和质量。

(二) 管理技术的问题

因为管理工作主要是由管理人员来进行，因为受到本身能力的限制，导致相关的管理技术水平不够。虽然也有部分管理人员是有专业技能素质的，但是因为我国的高速公路管理工程中还没有完善相关的管理制度，所以导致管理技术的整体水平得不到提升，施工管理现场因为缺乏统一的指导，所以经常出现混乱的状况。受到各种条件的制约，有些施工单位的施工管理和道路养护工作技术水平不达标，同时又没有科学的、先进的管理技术，施工管理的工作就无法更好地开展。

(三) 施工管理制度标准的问题

很多时候，导致施工管理出现问题的原因都是来自于施工单位自身。很多施工单位还没有完善相关的施工管理制度，只是设立了一些简单的规定，但是这些规定并不能应对施工过程中出现的各种情况，而且在施工过程中，受到种种因素的影响，这些约定也没有起到应有的管理和约束作用。所以相关施工单位一定要完善施工管理制度，结合高速公路施工管理和道路养护工作的施工情况，进行科学的统一管理。

(四) 施工材料质量问题

施工材料是影响施工管理和道路养护工作施工质量的重要因素，因为这些设备材料是施工管理和道路养护工作工程中最基本的组成部分，如果所使用的材料不合格，那么道路的质量和安全都得不到保障。在进行施工管理和道路养护工作的施工管理工作时，一定要选择质量可靠的材料，而且要确保材料供应充足，对材料也要进行合理的利用，避免产生浪费。不仅要提高我国高速公路道路建设的质量，还要促进资源的合理配置，提高资源利用率，同时在一定程度上也防止了施工安全隐患的发生。

三、完善高速公路道路施工管理和道路养护的措施

(一)提高施工单位的重视程度

要使高速公路道路施工管理和道路养护效果有所提高,就需要加强单位对这方面工作的重视程度。首先,单位的领导要真正认识到这项工作的重要性,推动相关工作体系的有序建设和发展。其次,在强化领导自身意识的同时,要主动参与到相关工作的宏观管理,定期派专人去一线进行考察。最后,要做好日常施工管理的每一步,切实落实道路养护工作。

(二)建立健全的现代管理制度

根据高速公路道路施工管理和道路养护的需要,要加大相关的人力物力投入,使得各项工作都可以有序开展。通过建立完善的制度,来规范工作内容,明确管理人员以及施工人员的各项职责,落实责任制,保证工作人员可以切实履行职责,认真完成每一项工作。通过建立现代管理制度,并且适当的借鉴他人的优秀管理模式。一方面,确定预算标准,现代管理系统可以给道路施工管理以及养护工作提供更加准确的依据和标准;另一方面,通过现代管理系统的反馈,工作人员也可以了解工作的执行情况,分析各项工作中存在偏差的原因并采取措施予以整改。有效地反映了施工管理以及养护工作的情况,明确具体责任,对员工业绩进行考核。

(三)引进专业施工人员

要建设完善的施工人员团队,多聘请一些高素质、高技能的专业施工人员,提高施工管理水平以及道路养护工作的能力。施工单位组建专业施工团队时,除了录用注意引入具有实践经验的高素质人才,还要鼓励综合素质较高的施工人员参与到施工管理中,同时给一些有潜力的年轻人机会,让这些人才充分发挥作用,不断提高工作效率和工作质量。

(四)完善质量监督

构建施工管理体系离不开对施工现场的管理,会受到施工单位质量监管体系的影响。所以想要提高道路施工管理和道路养护工作的水平,就需要不断加强质量监督队伍的建设,提高工作水平,提高工作人员的专业技能,不断开展各种实践活动,丰富经验。这样才能够应付工作中遇到的各种问题。应用先进的检测设备以及监理手段,促进质检工作的有效开展。加强对高速公路道路施工管理和道路养护的质量检查工作,在施工现场开展各项检查工作,及时处理施工过程中出现的问题,最终提高高速公路道路施工管理和道路养护工作的整体质量。

随着我国社会经济的发展，交通运输需求不断增多，高速公路的建设规模也在不断扩大，高速公路在保证我国交通运输需求的同时也因为自身质量原因影响着人们出行的安全。所以要求在进行高速公路施工时加强管理，保证施工质量。高速公路的道路因为收到很多外界因素的影响，已经出现了很多质量问题，急需有关部门对这些道路进行养护工作，保证高速公路通车的安全性，为人们的日常出行保驾护航，同时也为了我国社会经济的健康发展贡献力量。

第八节　园林工程中的道路施工管理

随着城市化进程的加快，人们对居住环境、城市绿化也提出了更高的要求，特别是近几年，城市中一批批街头游园、景观节点、公共绿地等在城市建设者们的精心设计与施工管理下，不但成为城市的一道亮丽风景，提高了城市的品位，而且更进一步改善了生态环境，也为市民提供了休闲娱乐的好地方。

一、前期准备

由于园林工程是城市建设工程的其中一项工程，同时其工程本身又有多项内容，在施工过程中往往由多个施工单位同期施工建造，若在工程衔接及施工配合上出现问题则会影响施工进度，拖延工期。因此，在施工管理中应注意以下几方面问题。

（1）前期准备。在取得工程施工项目后，应按照设计要求做好工程概预算。根据工程所在地周围情况，提前与周围居民、单位、交通等协调或处理好关系，为工程顺利开展奠定基础。

（2）工程计划。根据工程工期及工程量大小，组织好材料、设备、人员，计划好工程进度，保证能连续施工。

（3）统筹协调。园林道路工程虽然是一个单项工程，但是在施工中往往涉及与绿化栽植等其他园林工程项目的协调和配合，因此，在施工过程中要做到统一领导，各部门、各项目协调一致，使工程建设能够顺利进行。

二、道路的铺装

建议采用块料砂、石、木、预制品等面层，砂土基层即属该类型园路。这是上可透气，下可渗水的园林生态环保道路。之所以如此建议，是基于下面几点考虑：

（1）是否符合绿地生态要求。可透气渗水，极有利于树木的生长，同时减少沟渠外排水量，增加地下水补充。

（2）与道林景观相协调。自然、野趣，少留人工痕迹，尤其是郊区人工森林这种类型绿地，粗犷一些并无不当。

（3）新建道林，尤其江南园林，往往因地形变更园路也发生变化。土方工程部分、甚至大部分园路、广场处于新填土之上园林绿地建设是一个长期过程，要不断补充完善，路面铺装要适于分期建设。

三、园路施工

（1）依据设计的路面中线定桩放线，中心桩应以直线段10—15m，曲线段5—10m，圆弧处1—5m为标准设置，并写明标号后以中心桩为准，按路面宽度定以中心桩为基准定边桩，最后放出路面的平曲线。放线时应注意路面应有纵坡与横坡，以保证路面积水的排出。

（2）开挖路槽应按设计路面宽度，每侧加放20cm路槽，路槽做好后，根据路槽土含水量的多少制定碾压方式，如果较干，应在槽底面上均匀洒水，让水浸润土壤使其潮湿，再进行夯实或碾压，碾压过程不得有翻浆、弹簧现象。槽底平整度的误差，不得大于2cm。

（3）铺筑基层，应按设计要求备好铺装材料，虚铺厚度应根据不同的材料定不同的压实系数，碾压夯实后，表面应坚实平整，厚度、平整度、中线高程均应符合设计要求。

（4）铺筑结合层的材料一般是水泥、白灰、砂、水等搅拌的混合料，主要是混合砂浆或白灰砂浆。不同的铺装材料要用不同的配合比，由于水泥比白灰更容易备料和操作，一般可采用1:3水泥砂浆，厚度2.5—3.0cm，砂浆的铺装宽面应不低于铺装面层5cm，已拌好的砂浆应于当日用完。

四、路面施工

（1）施工准备。认真检查基层平整度、高程、密实度等是否与设计相符，否则应重新施工，进一步落实面层铺装材料的数量与质量，完善施工方案。

（2）卵石嵌花路面。现场选好需要铺筑的范围，先用m7.5号水泥砂浆平铺30mm厚，再铺水泥素浆20mm，水泥稍凝固，把准备好的卵石按照设计好的砂浆图案把卵石厚度的60%插入素浆中，并用抹子压实，卵石形状要互相协调搭配、效果美观。做好图案后待砂浆强度升至约70%时，应用喷雾器喷以30%草酸溶液冲刷石子表面。次日再用草酸液喷洗表面，使路面石子鲜艳明亮。（市中区东湖公园施工有应用）。

（3）预制砖铺地。利用侧石为边线，放出中线；并约隔5m左右测放水平桩，以控制方向及高程。按标高及中、边线纵横挂线，以挂线为依据铺砌。铺砖应轻抬轻放，用橡胶锤敲打稳当，注意不得伤到砖的边角。如发现结合层不平，应拿起砖重新用砂浆找平，严禁在砖下填塞砂浆或用碎石支垫。砖铺好后应沿线检查平整度，发现移位或不平应立即修整，最后用拌好的水泥加细纱填充缝隙，然后洒水，使其下沉固结。在土路基上简易铺装红砖时可先铺一层2cm厚的粗砂进行调平，再进行铺砌，铺好后，用水泥砂浆灌缝，至砂浆饱满，铺砌完成后即覆盖淋水养护。（市区园林道路以此方法铺装为主）。

（4）嵌草混凝土砖。铺装这样的混凝土砖，地面首先应在碎石上铺一层粗砂，然后在水泥块的种植穴中填满泥土并种上草及其他矮生植物，栽植穴深度不宜小于8cm。（新城行政大楼后停车场大面积铺装）。

（5）花街铺地。用侧放的小板砖及瓦片组成花纹轮廓，然后按照设计图样填入各色卵石、碎瓦、碎磁片等，用水泥砂浆注入固定，因其完成后图案精美，色彩艳丽，犹如五彩花朵洒落地面，故称花街铺地。这种工艺在南方古代园林应用较多，北方烟台牟氏庄园也大量用到这种铺装方式。（新城南方植物园设计施工用）。

（6）广场砖铺设。在园中通道、阶梯、园路等用广场砖铺地时，基础上铺2.5--3cm厚的灰泥，在灰泥上贴铺瓷砖时，要注意几个要点：首先灰泥的浓度不可太稀，要调配成半硬的黏稠状态，铺瓷砖时才易于压入固定而不致陷下。其次，为使瓷砖排列整齐，每片的间距为1cm，要利用平准线，于铺设地点四角插好木桩，用绳拉张，作为铺瓷砖的平准线。除了纵横间隔笔直整齐外，另还需要一条高度准绳，以控制瓷砖面高度。在没有具体设计时，为使路面不因下雨积水，有必要在施工时将路面做出两侧1.5%-2%的斜度。（新城广场用）。

（7）天然石头或规则石材做踏步。天然石材质感粗犷，色彩纯朴，常用于河沟、溪流、起伏地形等处做便道，可淡化园林的人工感，还闹市一份自然。天然石材踏步多呈自然式布置，凹陷于绿化丛中，充满野趣，以安放稳定并自然为标准。安放规则厚石板等材料做踏步，应先做10—15cm低标号混凝土基础，然后用1：3水泥砂浆固定，石面应平整无灰泥。（市中区东湖公园施工有应用）。

（8）水泥或沥青整体路面。应按设计要求精确配料，搅拌均匀，模板与支撑应垂直牢固，伸缩缝位置应准确，应振捣或碾压，路表面应平整坚实。沥青混凝土面层施工，一般应由专业队伍来完成。（市人民公园施工用）。

（9）使用功能有特殊要求的园路，如老年漫步径、健身道、盲人道等，应按功能要求使用相应的路面材料，可参照上述铺装方法。

总而言之，园林基建工程的施工是一门实践性很强的学科，道路施工只是其中一项，作为一名工程技术人员，在实际工作中应不断积累经验，及时做好总结，逐步提高现场施工的能力，更好的准确把握设计意图，把园林工程的科学性、技术性、艺术性等有机地结合起来，建造出即经济、实用又美观、大方的园林作品。

第六章 桥梁工程施工管理

第一节 桥梁施工管理中的质量与安全控制

社会经济的快速发展,使得人们对于桥梁建设的质量越来越关注。当前,桥梁工程的发展情况较好,并可促进我国交通运输业的发展。桥梁工程对于桥梁施工的质量要求越来越高,为此本节对桥梁施工管理的现状进行分析,并制定了桥梁施工管理中的安全、质量控制措施,以及桥梁安全性和耐久性的完善策略,现进行具体阐述。

一、桥梁施工管理的现状分析

(一) 桥梁施工管理中的环境问题

桥梁施工的过程中,会受到社会环境、自然环境的影响。自然环境,为不可抗的因素,为此只有做好相关的预防工作,才能够降低所造成的损失。自然条件包括:泥石流、暴雨、洪水等,这些自然因素对于桥梁施工的安全会构成直接的影响,若没有提前了解当地的气象信息、水文信息,对地形进行预测,就会引发人员的伤亡,还会对施工地区的居民安全问题构成威胁。

(二) 桥梁施工管理中的人为问题

施工人员,为桥梁施工的主体,为此施工人员的思想、行为,均会直接影响到工程的施工安全。桥梁实际建设的过程,比较常见突发的安全事故,主要产生的原因是施工人员没有按照具体的操作流程、规范进行施工有关,同时,工作人员对安全施工的认识不足,具体表现为:施工现场较多工作人员不能佩戴安全帽,或未做好相关的安全措施。以技术的层面来讲,施工人员操作水平能力不足,施工现场就会发生违规操作的现象。这和施工人员的文化水平也有一定的关系,可见桥梁施工管理工作中,还应做好施工人员综合素质的培养工作。

(三) 桥梁施工管理中设备、材料的问题

建筑工程顺利施工，取决于施工材料的质量。当前，部分施工单位的采购人员为节省资金，选择了一些质量不达标的材料，桥梁建设，和公路建设质量的要求进行比较更加严格。这时，施工单位使用质量不达标的材料，就会影响到桥梁的使用安全、稳定，还会影响到桥梁的使用时间。施工设备为建设过程中不能缺少的工具，而设备的质量会对运行情况、施工质量、施工进度构成严重的影响。

二、影响桥梁施工质量与安全的因素

(一) 材料因素

桥梁施工所选择的材料，是桥梁工程能否顺利完工的重要保证，为桥梁的顺利施工奠定坚实的基础。材料选择不合理，材料质量不过关，或者不符合施工建设的要求，都会严重影响桥梁的整体质量。当前，我国部分桥梁坍塌损毁事件中，大部分都是由于桥梁建筑材料的选择不合理，桥梁设计出现偏差造成的，材料质量极大程度上影响着桥梁建设的最终安全。

(二) 机械设备因素

大型机械是桥梁施工过程中不可或缺的工具，设备状况的好坏与工程最终质量的优良，有着直接的关联。设备运行得当，可有效促使桥梁工程的建设更快捷、高效，因此，在桥梁工程建设施工环节，对各项设备的使用操作与养护，需要同时进行，为了保障设备运行效率，必须对设备定期进行养护和维修，同时应加强人员的操作能力培训，防止出现人为损毁机器的现象。

(三) 人的因素

桥梁工程的施工主体是人，包括设计人员、施工管理者和施工人员，人员的综合素质参差不齐。我国桥梁工程灾害的发生，其部分原因，来源于施工人员责任目标不明确、责任心不强、技术不到位、缺乏必要的专业技巧。项目的管理人员对工程产生的影响，是不可替代的，项目部领导需要统筹全局，提高施工队伍的整体专业素质，确保施工顺利进行。

(四) 环境因素

环境对项目能否顺利开展也有重要影响，环境既包括施工地面环境，也包括气象环境，例如刮风、雨雪、雷电等天气，对桥梁工程的建设实施有着直接影响，既影响施工进度，也影响工程建设的最终质量。

三、加强施工质量及安全控制的措施

(一) 加强培训、严选施工人员

桥梁建设的最终质量，是所有施工人员、技术人员等共同努力的结果。其中，施工人员是决定项目最终质量好坏的重要因素，为了保证桥梁工程能够如期完成，施工人员需要提高工作能力，积极参加岗前培训。

(二) 严格控制材料质量

在建材商品的采购环节，需要严把质量关。首先，需要培养专业、负责任的采购员，提高采购员的商品鉴别水平，培养其诚信敬业的工作态度；其次，建筑材料的选择必须符合项目的施工标准和建设目的，材料必须出具具有权威效力的质量保证书，并对所选材料进行抽样检查。对于不符合要求或出现质量问题的材料，必须退回。

(三) 完善施工制度

严格按照各项规章制度办事，可以节省时间，提高工作效率，完善工作计划。在制度拟定时期，科学严谨地制定每个条例，制度一旦建立，要求每位工作人员严格执行。提高对工作人员的要求，文明施工，创造良好的工作环境，定时召开工作进展研讨会，将施工各阶段出现的问题记录下来，进行处理反馈。

(四) 加强质检与验收

对桥梁所需的混凝土的质检与验收，需要符合相关法律法规和行业规定的要求，负责监理的相关工作人员，需要根据相关规定进行监督管理，不得徇私舞弊，项目承包人在进行质量检查时，监理师必须在场。对混凝土的质量检验方法，主要采取无破损检验方法，桥梁的每个钻孔，以及重要的桩，都需要做整体性检验，部分钻孔或桩由于灌注过程中出现故障，因此也需要进行整体性检验。在检验过程中，监理人员有权对检验结果和过程提出质疑，或者在检验过程中出现意外，监理人员可以认为，桩的质量未达到标准要求，那么监理人员需要要求对桩顶部分或桩全长钻取芯样，根据再次检验得出的结果，确认桩及钻孔的整体质量是否达标。若不达标，则需要将质检报告及时上报给相关负责人，停止施工，检查事故出现原因，及时解决出现的问题。

(五) 强化监理程序管理

监督管理是桥梁建设工程中重要的环节。为了保证桥梁施工能够有序开展，保障工程质量，需要不断加强监督管理。根据工程需求，各单位及时制定相关安全操作规范、质量检测标准、施工工艺技术标准等，对关键技术环节进行重点监测施工。严把质量关，为企业树立良好的社会形象。

当前，桥梁施工管理的过程中，仍存在较多的不足。为此，应结合具体的问题进行分析，制定针对性的处理措施进行处理。桥梁施工的时候，应做好管理安全、施工质量控制工作，以便提高桥梁施工的整体质量，保证施工人员的人身安全，进而推动建筑业获得更好的发展。

第二节 桥梁施工管理养护技术及加固维修

从桥梁施工管理与质量间的关系及桥梁施工管理养护的特点两方面进行研究，阐述了桥梁施工管理与养护的重要性，而后分析了桥梁施工过程中的遗留问题及施工管理控制方面存在的问题，叙述了桥梁养护管理工作中存在的问题，最后建议应采取有效措施遏制超载现象、对墩台基础进行加固、对混凝土结构及桥梁上部结构进行及时加固等方式，提高桥梁养护管理水平。

桥梁作为我国重要的基础设施，其能有效促进我国社会经济的发展并且为人们正常出行带来便利的条件，因此桥梁运行使用之后，需及时进行养护及加固处理，以保证桥梁的正常使用及延长其使用周期。目前我国桥梁养护及加固技术还处在较为单一、技术含量较低的阶段，深入探讨及总结较为科学的养护措施及加固技术，对我国桥梁整体使用性能有深远的实际意义。

一、桥梁施工管理和养护的重要性

（一）施工管理与桥梁质量间的关系

就目前我国社会经济发展速度来看，桥梁建设对于整个交通的影响非常大，范围也非常广。在社会的发展和进步过程中，对桥梁的质量要求也在逐渐提高，特别是交通流量的持续增加，对桥梁的承载力要求也越来越高。为了保证人们出行的安全性就必须要加强桥梁工程的管理，提高其管理水平。然而，当前我国桥梁工程在投入使用后的一段时间内，出现了较为严重的质量问题，严重地影响了桥梁运行安全及使用周期，因此需要对出现问题的桥梁采取有效的处理措施且提高日常养护力度，保障桥梁的正常使用。桥梁建设施工时，科学、合理的施工管理措施能切实保障桥梁的整体质量且能有效提高其安全性及稳定性[2]。1.2 桥梁施工管理养护的特点

桥梁在设计的过程中，需充分考虑工程的施工管理养护工作应该包含的具体内容以及标准，这样桥梁工程在养护时就能够完全按照预定的标准进行，桥梁施工管理对于公路的养护也具有一定的强制性，同时应该保证整个运输的网络正确运行。为了能够从根本上保

障桥梁施工质量，在对桥梁工程养护的过程中，应该严格执行我国的相关法律标准和规范，使得整个工程施工管理措施更加科学合理。然而我国大部分桥梁的施工管理养护还存在非常多的问题，桥梁在养护时，应该严格执行以下两个方面的内容：①选择最佳的养护方法，保证其具备科学性和合理性，同时应该具备一定的主动性；②要具备一定的时效性，保证养护过程的各个时期都应该符合相关的标准和规范，同时管理养护工作具备一定的复杂性和专业性，需要有养护经验丰富且专业素质过硬的技术人员来担任养护工作。如果养护工作需要引进先进的施工材料以及施工方法，应该确保这些新型的技术完全符合科学化的要求特点，由此可见，高素质的养护人群是确保工程质量提升的关键因素。

（二）桥梁养护管理存在的问题

1.施工过程中遗留的问题

桥梁施工的结构存在一定的缺陷，导致整体质量下降并且桥梁基础的承受力方面较弱，整个浇筑过程未能达到预期的标准，再加上构造自身的质量不过关，从而造成了桥梁质量的下降，对未来的发展造成了一定的负面影响。

另一方面，临时工程存在一定的问题。脚手架、支架、塔吊在使用时应该进行临时的搭建，而现阶段工程施工时，对于这些结构的维护还存在较大的问题，使得其在使用时非常容易出现严重的质量安全事故，从根本上很难保证整个工程的安全性。

2.施工管理控制方面存在的问题

对于桥梁工程质量影响最大的因素之一，则是施工人员，施工人员的技术以及经验是否丰富对桥梁质量的影响非常大，机械在运行过程中，不及时对其进行保养和检修，从而很难与施工的安全性达到一致。此外，材料的管控方面也存在较大的不合理情况，这些都是造成工程质量出现问题的主要原因。一般来说，管控的过程并没有严格执行一系列的安全防范措施，在梁构件预制以及浇筑的过程中，也缺乏相应的检测管理制度，并没有对这些部件进行检测，从而造成了施工质量难以控制的局面。就目前我国桥梁工程来看，由于施工管理技术的不断提高，已经从根本上改善了存在的问题，但是还有很多问题依然无法改正，需要在今后的工作中不断提升管理水平来避免这些质量问题的出现。

三、提高桥梁养护管理水平的主要措施

（一）避免出现严重超载现象

要想不断提高维修管理水平，需完善及规范监管制度，首先应该对超载现象进行全面的控制和管理，避免超载严重的车辆在桥梁上行驶。加强超载车辆的管理是防止桥梁被破坏或者防止发生交通事故的主要方法。同时，还应该对过往的车辆进行全面的评估，避免桥梁出现大规模的破损现象，以提高其整体运行的安全性。

（二）加固墩台的基础

墩台基础在加固过程中，首先应该对其基础结构进行全面的修补，当水深达到了3m或者是3m以上的时候，需要在墩台局部损坏的地方涂抹修复液；如果水深在3m以下时，应该使用套箱的方法进行修补，墩台基础加固处理时，应该及时地进行修补处理。墩台加固处理时，可以通过增补混凝土的方式将原基础进行扩大处理；墩台主体加固时，应该使用钢筋混凝土的结构来进行加固，并且在上、中、下三个部位进行围带布置，以实现全面加固处理，提高桥梁整体的安全性。

（三）混凝土结构的加固

混凝土结构加固时，首先需要对已经破损的混凝土表面进行全面的清理，同时在其表面重新铺设混凝土，对于损坏较大的结构来说，需要使用高射水法将破损部分清除干净，然后再选择黏结性符合要求的材料进行封涂处理。如果损坏程度不高，则使用人工方法进行清除；如果是大面积的破损，或者是钢筋已经腐蚀了，应该将破损部分清除，然后将锈蚀的钢筋去除掉，清除完成后涂抹黏合剂，如果存在较深的破坏区域，混凝土结构加固施工重新设计修补。此外，应该使用人工的方式清理干净，然后使用水进行清洗，清晰完成后进行必要的修补施工。

（四）桥梁上部结构的加固

桥梁结构加固的过程中，如果墩台的稳定性和承载力都比较好，一般可以通过设置纵梁的结构来提高整体的承载能力，同时应该加强养护并且将发生破损的区域清理干净，使用新混凝土进行必要的填补处理，防止进一步的恶化。

总而言之，在经济飞速发展的背景之下，无形中对桥梁建设的质量要求也就越来越高，对于桥梁的维护和管理就成了公路桥梁日常使用中必不可少的一部分。提高公路桥梁施工管理水平，积极做好养护和管理工作，使用过程中定期进行综合性的评估，及时修补桥梁损坏的部位，将维护成本降到最低，运用科学的方法进行质量管理与控制，从而有效保障桥梁的稳定性及延长其使用周期。

第三节 大体积混凝土桥梁施工管理

针对大体积混凝土工程施工过程中，对工程质量影响较大且较为常见的几种问题进行有针对性的管理方法研究，并提出优化大体积混凝土桥梁施工的管理方法，希望能够对相关从业者提供帮助。

桥梁建设工程作为我国交通基础设施建设的一项重要内容，尤其是针对一些大体积混凝土桥梁建设，对施工标准具有更高的要求，混凝土桥梁施工管理方法也面临较大的挑战。现阶段，我国的钢筋混凝土桥梁工程施工过程中受到各类因素的影响和制约，致使大体积混凝土桥梁施工质量无法得到有效控制，工程质量控制难度较大，而混凝土桥梁施工管理方法作为工程质量的重要保障和基础，如果管理工作无法发挥出实际作用，就会造成桥梁工程质量的下降。在我国经济飞速发展的宏观背景下，大体积混凝土桥梁工程开始受到社会各界的广泛关注，而对于大体积混凝土桥梁施工管理的方法也展开了全新的研究和探索，由于大体积混凝土桥梁施工过程中对浇筑的要求较高，因此施工管理工作必须发挥出实际效益。

一、大体积混凝土桥梁施工质量问题

（一）大体积混凝土桥梁施工特征以及安全隐患

由于大体积混凝土桥梁工程在施工过程中涉及的层面较广，因此在对各项外界影响因素进行管理过程时，常出现由于某一部分的管理不当影响到整个桥梁工程质量的情况。而混凝土施工过程中安全隐患较多，且较为突出，因此大体积混凝土桥梁施工过程中，由于涉及的层面较广，程序较多，而且技术工种以及施工分配较为混乱，因此，大体积混凝土桥梁施工的安全风险也较大，同时也为桥梁施工管理工作加大了难度。有的施工单位为了节省成本开支，雇佣廉价劳动力，甚至一些员工没有受过专门的技术培训，不具备基本的技术理念以及专业能力，并不具备混凝土桥梁施工安全的意识，致使施工人员安全意识薄弱，缺乏技术能力，为大体积混凝土桥梁的施工埋下安全隐患，同时也会威胁到施工工人们的生命财产安全。除此之外，大体积混凝土桥梁施工过程中，由于桥梁工程施工方式以及评估要求的不同，对隐蔽施工内容的检查就会存在差异，如果无法对这种差异进行有效的管理和控制，则会影响到大体积混凝土桥梁建设的质量安全。

（二）我国大体积混凝土桥梁施工过程中的质量问题

大体积混凝土桥梁施工情况复杂，且施工周期性较长，涉及的工种较多，因此，在对大体积混凝土桥梁进行施工管理过程中常会受到各种因素的影响，极易出现工程事故。现阶段，我国大体积混凝土桥梁施工质量管理工作中的首要问题就是施工裂缝问题，混凝土材料在进行浇筑时，由于受到环境等因素的影响，致使桥梁工程常会出现施工裂缝。通常情况下，这些施工裂缝常出现在桥梁的主体和表面，且形状不规则，如果不能够对大体积桥梁工程的施工裂缝进行有效解决，就会严重影响到整个桥梁工程的质量，而产生施工裂缝的首要原因就是桥梁施工的材料。在对大体积混凝土桥梁工程进行选料时，如果没有对集料级配进行合理管理，采用不合规范的原材料，或者在对原材料进行处理时没有合理使用外加剂，就会造成大体积混凝土施工材料不符合规范，工程施工后期容易出现裂痕。而在施工过程中，混凝土的配比失误，将会影响到混凝土的密实度，加之后期的养护工作马虎大意，造成大体积混凝土桥梁施工完成后，表面出现裂缝，影响桥梁工程的质量。而大体积混凝土施工过程中，由于桥梁工程本身体积较大，如果出现麻面问题，会对整个桥梁工程产生非常不利的影响。混凝土表面出现漏浆或者缺浆的情况，会造成表面麻点的质量问题。除了混凝土表面的漏、缺浆情况会造成麻点质量问题，在混凝土桥梁施工时，如果模板的表面光滑度不够，也很容易出现麻点质量问题。模板安装工作进行中，若两端存在缝隙，则会造成混凝土表面的漏浆，无法保证混凝土表面的光滑平整。在混凝土振捣工作中，相关操作人员没有按照施工标准进行振捣，致使混凝土内部存在气泡，也会形成表面的麻面问题，而一些大体积混凝土桥梁施工过程中，在进行混凝土浇筑工作时没有对其进行完好的浇筑和检查，在钢筋保护层出现了滑动的情况，致使垫块松动，造成的钢筋紧贴模板外露问题也会影响大体积混凝土桥梁的施工质量。

二、大体积混凝土桥梁施工管理措施

想要保证大体积混凝土桥梁施工质量，就应对其展开具有针对性的桥梁工程施工管理工作。应充分结合工程实际情况，并根据桥梁工程对于质量的详细要求，加强对桥梁工程施工的管理力度，转变传统的管理观念，在大体积混凝土桥梁施工管理工作中，应结合时代发展需求，引进先进的管理技术，应用现代化的管理手段，将现代桥梁建设需求与管理方法紧密结合，遵循和依照安全第一的施工原则，秉持工程质量为本的施工理念，多方面、多角度地对混凝土桥梁施工过程进行严格管理。由于大体积混凝土桥梁施工周期较长，因此，在施工前应充分了解施工情况以及施工标准，制定大体积混凝土桥梁施工计划，并加强管理人员的安全意识。由于桥梁工程中常见的缝隙问题严重影响到桥梁建设质量，因此，应加强对混凝土的管理。大体积混凝土桥梁施工过程中，混凝土作为主要材料，必须进行强化管理。对于涉及混凝土材料的桥梁施工工作，应保质保量地进行材料配置，科学进行混凝土材料配比。为防止出现钢筋外露情况，管理人员还需对钢筋混凝土的结构进行严格管理，重视对混凝土结构的合理构造。在实施过程中，应加强对结构设计质量的控制，并严格依照图纸进行施工，一旦发现问题，应及时进行研究讨论，从而实现对混凝土桥梁整体工程构造的严格把控。桥梁工程施工过程中，影响其施工质量的重要原因是施工人员的专业素质。因此，应加强对桥梁工程施工人员的管理。对于参与施工的工作人员应进行严格的筛选，不应雇佣资质较差、专业水平以及专业素质较低的员工，防止出现不规范操作等情况。应明确施工人员的安全意识，相关建筑工程企业可对内部员工展开培训，通过学习的方式提升施工人员的专业水平。

大体积混凝土桥梁工程的质量管理，应结合桥梁施工的实际情况，进行具有针对性的措施。首先，是对施工裂缝质量的管理措施。大体积混凝土工程施工过程中，混凝土表面的裂缝问题最为常见，对工程质量的影响也最大，因此必须进行有效合理的控制。想要对混凝土表面的裂缝进行有效控制，就应在原材料的选购上进行严格把控，根据工程质量标准选择最为合适的水泥品种，在施工过程中，操作人员应严格按照标准进行配比，并做好相关的指导工作。在进行混凝土振捣工作时，最好采用机械振捣的方式进行混凝土振捣，这一环节必须将混凝土内部的气泡全部排出，混凝土浇筑完成后，应对其进行充分的养护工作，防止因为温度造成的混凝土裂缝。在进行脱模处理时应注意对周边温度的控制，防止因为温差过大造成的缝隙。而对施工麻面的质量管理，则应对模板进行保养，保持表面清洁，当模板中存在空隙时，应采用油毡纸将其堵严，保证表面光滑无砂石，如果模板表面存在细小颗粒，可利用砂纸对其进行打磨，直至表面光滑为止。对于桥梁工程的管理人员，应不断提升自身的专业技能，学习国内外先进的管理技术，并应用于实际工程施工管理中，保证管理工作能够发挥出实际效益。

综上所述，由于大体积混凝土桥梁施工过程中存在诸多不安全因素，这些因素一旦受到影响，就容易造成大体积混凝土桥梁施工失误，这些施工失误问题不仅会严重影响到桥梁工程的质量，更会为大体积混凝土桥梁建设完成后的使用埋下安全隐患。而大体积混凝土桥梁施工涉及层面较广，一旦出现问题便会产生连锁反应，因此，必须对大体积混凝土桥梁施工进行严格管理，发现问题及时解决问题，防止因混凝土桥梁施工管理不当造成桥梁安全事故。应综合考虑施工过程中各项因素的影响，采取科学合理的管理手段，全方位的保障桥梁施工的质量。

第四节　高速公路工程桥梁施工管理分析

桥梁施工项目是高速公路建设过程中的重要组成部分，也是高速公路工程建设的难点和重点，直接关系着整体高速公路建设水平和建设质量。在施工过程中必须要加强对高速公路工程施工管理与控制，明确施工期间的影响因素和不良条件，保证高速公路桥梁建设能够合理平稳的进行。本节主要针对当前中国高速公路桥梁工程施工管理的相关问题进行探究，指出具体的优化方式与途径，希望能够全面提升高速公路桥梁工程施工管理水平，保证桥梁施工效率。

随着科学技术的飞速发展，尤其是建设工程技术的迅猛进步，中国高速公路建设项目逐渐增多，建设水平越来越高。但从目前来看，高速公路桥梁建设施工管理过程仍然存在一定的问题，严重影响高速公路运行的安全性和稳定性，公路桥梁的承载能力难以满足车流量的需求，存在较大的安全隐患，影响车辆的顺利通行。因此，必须要加强对高速公路桥梁施工的管理与控制，加强对施工质量的监管，将安全隐患控制到源头，保证桥梁施工的质量。

一、高速公路桥梁施工技术要点

(一) 放样

工作人员在开展高速公路桥梁施工建设之前，需要对现场的环境条件进行全面系统的监测，明确施工过程中可能存在的影响因素，并通过合理的措施有效规避，做好施工现场的准备工作。在对现场情况进行全面掌控之后，工作人员需要根据设计图纸的需求测量水准点和控制点，并做好场地整平处理工作，保持场地的清洁度。利用水准仪或全站仪进行施工放样，布置好施工控制网，要求放样的精度能够满足施工图纸的需求。其次，在进行桥梁施工工程测量放样的过程中，还需要采取多种放样技术手段在桥墩处准确放样，精密测量长度，确定轴线边线位置标高，保证后续施工项目能够顺利稳定地开展。

(二) 钢筋施工

钢筋施工是桥梁工程项目建设的关键环节，直接关系着整体桥梁建设水平和承载能力。在桥梁建设期间，必须要加强对桥梁钢筋施工步骤的质量监管控制，严格按照施工标准和施工规范开展钢筋作业，并加强对各个施工环节的技术要点的控制。工作人员要结合钢筋原材料的规格、品种以及性能进行统一的加工和组装，要求钢筋的焊接、调直、弯曲、绑扎都能够符合施工规范的要求，并严格控制各项施工工艺，使得钢筋成型效果能够满足高速公路工程项目的运行需求。工作人员在加工制作完成钢筋半成品之后，需要进行统一的堆放和编号，做好钢筋储存空间的控制与管理，避免出现钢筋长期不使用而受潮腐蚀的现象，保证钢筋的应用强度。在进行钢筋绑扎时，需要错开墩柱焊接头，要求接头钢筋面积需要小于总面积的四分之一，钢筋接头在绑扎时需要保持四角错开的状态并预留一定的弯钩长度，使桥梁建设项目能够满足设计需求和抗震性要求，保证桥梁可以长期稳定地运行。

(三) 困难条件下的施工

高速公路桥梁建设通常体量较大，持续时间较长，涉及的工艺较多，在施工过程中难免会遇到各种各样的问题而影响工程的顺利开展。其中恶劣气候条件以及不良地质环境都是常见的高速公路桥梁建设中比较困难的施工环境，桥梁施工建设难免会遇到软土地基的问题，如果没有对软土地基进行有效的加固和处理，容易造成地基沉降和变形问题，从而影响桥梁的使用寿命和使用安全性。因此，在施工过程中必须要加强施工管理活动，采用科学有效的技术手段进行施工作业，保证工程项目建设水平，加强对施工过程和施工工艺应用的监督管理，及时发现施工期间存在的问题，并做好相关不良情况的记录以及控制，使得工程项目能够顺利稳定地开展。另外，工作人员要结合当地的气候特点、地势条件和自然灾害发生概率，做好恶劣天气以及地震、滑坡、泥石流等自然灾害的预防措施，避免施工过程中出现人员伤亡，保证施工的安全性和可靠性。

(四) 模板安装

模板安装是工程项目建设的关键环节，工作人员需要结合现场施工条件和工况要求，合理选择模板进行安装，严格按照预设的工序进行，先安装底模，再安装侧模，最后安装顶膜。模板安装完成之后，工作人员需要严格检测模板的稳定度，并预留一定的宽度，保证施工安装的平整度能够满足建设要求。

二、高速公路工程桥梁施工管理的问题

(一) 缺乏系统科学的施工管理设计

从当前高速公路桥梁项目建设情况来看，普遍缺乏系统有效的施工管理设计工作，施工管理设计缺乏规范性与科学性，难以满足项目建设施工管理的需求。高速公路桥梁施工设计内容包括施工计划的编制以及施工方案的确定，但项目具体实施阶段缺乏全面合理的标准进行施工设计内容控制，容易造成后续施工过程混乱问题，引起施工管理无序状态，影响整体施工功能的有效发挥。

(二) 缺乏专业高水平的人员

高速公路桥梁建设项目通常体量较大，技术含量较高，要求技术人员和管理人员具备专业可靠的知识与技巧，能够有效开展高速公路桥梁工程的施工管理工作。但从目前很多工程施工人员和管理人员的现状来看，工作人员缺乏系统科学的专业知识与熟练的技巧，不熟悉各项新材料和新工艺的使用与建设，严重缺乏高水平的人才，影响项目开展的实际效果。

(三) 安全问题严峻

由于高速公路桥梁施工管理不到位，监督管理措施空白，导致桥梁建筑面临的安全问题比较严峻，桥梁建设使用效果难以满足国家和相关行业的规定要求，影响高速公路工程桥梁建设质量。同时，施工单位缺乏有效的造价管理与控制，施工过程管理随意性强，材料和机械设备浪费严重，影响施工单位的经济效益。有的施工单位为了获得最大的经济利益，而忽略了在施工过程中的安全控制与质量管理活动，在施工之前也没有对相应的参与施工的员工进行合理科学的培训，施工人员缺乏安全操作意识，没有严格按照施工规范和流程开展施工作业，容易出现各种各样的问题而影响施工项目的顺利开展，导致高速公路桥梁建设过程中存在较大的安全隐患，易引起安全事故，影响施工人员的生命和财产安全。其次，工程施工过程中管理方法和管理措施缺失，难以保证施工管理活动作用的发挥。施工过程中违反纪律和违规操作的行为屡禁不止，很多不符合安全要求生产的生产设备应用在工程建设过程中，导致工程风险因素增加，面临的风险问题较大，严重影响材料工程的

建设质量。

四、高速公路工程桥梁管理相关对策

（一）加强施工人员的管理

施工人员的专业素养和技能水平直接关系着公路桥梁项目建设效果和建设质量。在公路桥梁工程建设过程中，必须要加强对施工人员的管理培训，要求施工人员掌握必备的施工技能和施工方法，规范施工人员的行为，使得施工能够按照图纸要求和相应规划合理开展。在公路桥梁建设期间，桥梁铺装层的施工质量直接关系着整体的建设效率和建设水平，施工人员因素是导致桥梁铺装层事故问题的关键因素，所以，必须要加强对施工人员的控制，工作人员要严格按照桥梁铺装层的厚度和形状的要求，合理选择铺装层，避免铺装层发生开裂情况，并要求铺装层的材料具有良好的防水性能，通过添加铺装层有效解决铺装层损坏的问题，延长铺装层的使用寿命。同时，工作人员还需要结合公路桥梁的具体环境以及建设特点，采取合理的防护方法和措施，提高施工人员的专业技术水平和综合素养，保证公路桥梁铺装层防护到位，使得高速公路桥梁能够正常投入运行。

（二）做好钢筋防腐施工工作

钢筋腐蚀问题是高速公路桥梁施工项目建设过程中的常见问题，严重影响高速公路工程的强度和承载力，工作人员首先需要加强对桥梁钢筋的养护与管理，树立正确的桥梁钢筋养护意识。在钢筋表面进行防腐涂层的涂抹以避免钢筋受到除冰剂、酸雨等的腐蚀，使得钢筋能够保持良好的性能状态。其次，在钢筋运输、储存和安装的过程中，工作人员还需要严格控制涂层材料的质量，定时观察和检测涂层材料的状态以及性能，避免材料运输与使用过程中出现涂层材料的损伤，缩短钢筋的使用寿命。结合钢筋腐蚀的相关特点，可以采取一定的电化学防护的措施避免钢筋的锈蚀。

（三）做好环境保护措施

高速公路桥梁项目建设施工环境为露天环境，具有一定的复杂性和多变性的特征。在施工过程中难免会对周围的生态环境产生一定的影响，所以工作人员在项目开展之前，要对当地的具体环境条件进行全面的考察与勘测，了解桥梁地段的地形地貌和地质情况，包括附近的植被覆盖和建筑物等。在施工计划制定和实施期间，要充分考虑对周围环境的影响，并对施工地段的环境进行动态监测和分析处理，尽可能地避免高速公路桥梁施工对周围环境造成的破坏，使得桥梁工程项目能够安全稳定地开展。

综上所述，桥梁施工建设水平直接关系着高速公路工程的建设效果，是中国重要的基础设施建设项目之一。本节主要针对高速公路工程桥梁施工的技术要点进行探究，指出当前高速公路桥梁建设过程中存在的问题，并提出了相关的解决对策，希望能够贯彻落实科学系统的桥梁工程项目建设管理方针,加强对施工过程的控制与管理,提高桥梁工程建设质量,促进中国高速公路建设可持续发展。

第五节 桥梁施工管理要点

桥梁项目施工建设,是当前我国道路桥梁施工的主要构成要素,对经济发展具有较大的影响。以当前桥梁施工管理工作开展的情况为基础,结合近年来的工作经验以及先进管理理念,提出如何对桥梁施工管理工作进行优化,促进桥梁施工管理更好的发展。

一、对桥梁施工管理产生影响的因素

(一)人为因素的影响

人为因素是影响力最大的一种因素,同时也是最难解决的一种影响要素。人的因素主要包含项目领导者管理能力、管理素质以及项目施工人员技术水平、施工人员个人综合素质等,这些因素都会对工程项目施工管理质量产生影响。

(二)外界物质的影响

桥梁项目施工离不开物质的支持,不论是材料因素还是项目施工机械因素,都会对桥梁施工管理工作质量产生影响。材料是桥梁工程项目建设最基本的物质基础,而材料质量好坏也会直接影响到工程项目施工质量以及工程项目施工安全性。从近年来的发展情况来看,国内经常出现一些因为项目施工材料质量不达标,导致工程项目整体施工质量不合格的问题。部分项目施工企业为了最大化的提升自身经济效益,会使用一些并不达标的项目施工材料,导致出现各种形式的工程施工质量问题。

二、提升桥梁工程项目施工管理质量的措施

(一)完善规章制度

只有保证规章制度切实可行,才能从根本上提升项目施工管理质量。相关工作人员也应当严格按照规章程序办事,提高问题处理效率,保证工作质量。首先,项目正式开始建设之前,要先对图纸的内容进行多方面会审,并让各个部门都熟悉图纸,让项目施工队伍对图纸的设计意图进行交底,保证项目施工方案交底以及项目施工质量标准交底工作的正常进行,并明确不同项目施工环节需要关注的问题。其次,还要严格的拟定安全施工项目技术规范标准,如《安全文明施工管理及措施》《建筑施工高处作业安全技术规范》《建筑

施工扣件式钢管脚手架安全技术规范》《施工现场临时用电安全技术规范》等。

（二）构建安全生产责任制

首先要保证桥梁项目施工质量，并构建适合各个层次以及各个岗位的安全生产工作责任制，保证岗位职责明确，并且奖罚要分明。按照工程项目建设的实际情况来构建适合项目的层次，并且还要明确不同管理体系以及不同项目管理工作制度的内容。在技术管理体系方面，应当将主要的工作内容集中到技防方面，将其作为安全管理制度的核心；其次，要多关注行政管理工作体系，拟定人防措施，并将人防作为最核心的安全管理工作制度，提升管理体系的科学性。将物防与人防相互结合，提升制度的可行性，使其对项目施工安全进行指导，提升项目建设的规范性，为奖惩提供依据。

（三）对建筑材料以及设备质量进行监控

1. 监控项目建设材料质量

企业的高层领导人员应当选择事业心强，而且诚实守信、具有一定专业知识基础的人来采购各种项目建设材料，并提升其政治素质以及材料鉴别能力。在对材料进行选择时，要始终秉承质量优先原则，尽量选择好的项目施工材料，还要分别从进货、验收以及保管等多个方面出发，保证材料质量。当材料进场时，工作人员要严格地按照相关设计要求，对各种进入场地的材料进行检测，还要检查这些施工材料是否有保质书，如果保质书不全，可以拒绝使用。项目的承包人要自行对项目建设原材料质量进行检验，并且项目监理试验工程师还要定期对其进行抽检。针对一些比较特殊的材料来说，要定期检查这些材料的性能指标。如果项目建设所在地的临时实验室不能完成试验，则监理方和承包方要同时取样，并将这些材料运输到有相关资质的试验单位或者是检测单位，对材料进行检验。

2. 项目施工机械设备安全性控制

从目前项目施工开展的情况来看，为了从根本上减少项目建设机械设备出现安全事故的概率，相关工作人员必须要先做好机械设备养护以及机械设备维护等工作，从根本上减少设备的磨损率，而且工作人员要在每天正式开始工作之前，先对设备进行检查，排除安全隐患。针对施工过程中能耗比较高、功率低并且对周围环境影响比较严重的机械设备，必须淘汰。

3. 对工作人员进行培训

工作人员的个人综合素质以及工作技能的掌握情况，对桥梁工程项目施工管理的影响十分明显。项目施工人员是影响工程项目施工质量最关键的要素之一，所以想要从根本上提升项目施工质量，就必须要对项目施工人员以及项目管理人员进行培训，并提升其个人综合素质。要先对项目施工人员进行思想层面的教育，使其树立质量第一，以预防为主，为用户服务的个人工作意识，提升其观念，保证项目施工质量。

(四)项目施工现场环境控制

1. 项目施工现场采光照明

项目施工现场的采光照明工作，是保证项目施工正常进行的基础环节。采光照明对人员的影响较大，不仅会影响到项目的施工进度，同时还会影响人员工作舒适性。如果在强光下工作，要佩戴墨镜。

2. 告示牌设置

为了提升安全管理质量，避免出现各种事故，项目管理者可以在施工现场设置一些比较鲜艳且醒目的安全标语，利用这些标语时刻提醒相关工作人员注意施工安全。为了最大程度的规避项目施工现场的安全事故，必须保证场地的平整性，并且还要保证机械设备安置的稳定性，为项目建设创造良好的工作环境。

(五)提升桥梁施工质量监督管理强度

提升质量监督管理工作强度，是达到预定目标最基本的一个手段之一。要按照工程项目施工质量检验标准、质量检验内容以及质量检验手段等，对不同的项目施工材料、项目施工结构等进行检验，并监督施工工艺。要严格地按照项目建设中不同的检验程序，对项目施工环节进行检验，不论是在项目管理制度方面、项目施工工艺方面或者是项目规定方面，都必须严格要求，保证所有工序施工质量。如果在检查过程中发现存在问题，可以停工、返工，直至项目建设质量满足要求为止。

桥梁建设，是促进我国经济发展的关键环节，同时也是方便人们日常出行的一项惠民工程。上文以当前国内桥梁项目施工管理工作开展的情况为基础，分别从多个方面论述了应当如何优化桥梁项目施工管理，提升管理质量。

第六节　精益思想在桥梁施工管理的应用

首先介绍了精益思想的概念及作用，指出桥梁施工管理的不足，然后就如何应用精益思想开展桥梁施工管理提出相应对策，主要包括推行"5S"管理方法、严格进度管理、规范管理流程、创新管理理念、重视现代信息技术应用等内容。从而有效提升管理工作水平和桥梁施工单位的竞争力，确保桥梁工程建设的质量和效益，也为项目工程有效进行创造良好条件。

随着经济社会发展和各地联系增强，桥梁工程建设数量越来越多。同时，为促进桥梁工程质量和效益提升，采取有效措施加强施工管理是必要的。传统管理活动中，主要采取措施加强施工质量、安全、进度和成本管理。尽管这对项目工程建设产生重要影响，但现有管理方式比较落后，桥梁施工管理的理念创新不足，未能有效适应桥梁项目工程建设和施工管理具体需要。为弥补这些不足，创新管理理念是必要的，精益思想的提出，不仅是管理理念的创新与发展，同时对桥梁施工管理也产生重要影响，有利于提高桥梁工程建设质量和效益，因而其应用也变得越来越广泛。

一、精益思想的概念及作用

作为一种重要的管理理念，精益思想的提出，不仅是管理理念的创新，对提高管理工作水平也产生积极影响，其应用也变得越来越广泛。

（一）精益思想的概念

精益思想是一种先进的管理理念，它的核心思想是杜绝浪费，提高管理工作实效性。该理念与我国建设资源节约型、环境友好型社会的要求相一致。在管理工作中发挥精益思想的指导作用，对创新管理思想观念，降低成本，提高管理工作实效性具有重要作用，其应用也变得越来越广泛。

（二）精益思想的作用

桥梁施工中，采取措施加强施工管理是必要的，而落实精益思想，将其有效应用到管理活动当中，建立标准化管理模式，不仅能推动桥梁施工管理的制度化与规范化，还能节约资源能源，降低施工成本，符合可持续发展理念，对创新桥梁管理方式，提高管理工作实效性具有重要作用。精益思想还将桥梁施工管理的原则、方法、技术与工具进行优化整合，实现管理的流程化与规范化，减少各环节的资源浪费，进而有利于节约成本，降低资源能源消耗。同时，精益思想还注重加强质量、安全、成本与进度控制，有效规范每个施工环节，对提高项目施工管理水平具有重要意义。

二、桥梁施工管理存在的不足

尽管落实精益思想，加强桥梁施工管理具有重要作用，但目前在桥梁工程建设中，由于管理制度没有严格落实，一些管理人员责任心不强，制约管理工作水平提高，桥梁施工管理存在的不足表现在以下几点。

（一）桥梁施工现场管理混乱

桥梁施工现场是人力、物力和信息资源汇集的地方。因此，加强施工现场管理对推动施工顺利进行，降低资源能源消耗，节约成本具有重要作用。然而在管理活动中，一些施工单位未能严格执行管理规章制度，施工现场秩序混乱，存在脏、乱、差等现象，不符合安全文明施工理念。常见问题表现为：施工现场垃圾处理不到位、机械设备不美观、堆放秩序混乱、一些施工人员责任心不强，不仅难以保证现场施工管理水平提高，还制约桥梁工程建设效益提升。

(二) 桥梁施工成本管理不足

成本管理是桥梁施工管理的重要组成部分，也是施工单位应该重点关注的内容。作为施工人员，应该加强成本预算，建立完善的成本控制体系，严格成本预算，降低材料费、机械费和人工费，进而促进桥梁施工效益提高。但目前成本管理不足，资金使用存在浪费现象，未能严格执行成本管理及控制措施。整个桥梁施工过程中，管理人员不仅难以掌握资金使用情况，对桥梁工程建设也产生不利影响。

(三) 桥梁施工进度管理不足

例如，桥梁施工管理中，由于未能落实精益思想，施工方案设计不到位，对桥梁工程施工缺乏科学合理设计，难以有效指导后续施工。事实上，桥梁工程建设中，由于设计流程不合理、不规范，施工中出现设计变更现象，需要变更和完善施工方案。当发生这种情况时，很容易导致延误工期的情况发生。此外，施工进度管理不到位，为按时完成施工任务，施工单位为了赶工期，往往会增加人力、物力和财力投入，容易导致成本增加。总之，这些情况的发生，与精益思想的要求不相符合，也不利于提高桥梁施工管理水平，需要采取改进和完善措施。

三、精益思想在桥梁施工管理的应用对策

整个桥梁工程建设中，为提高项目工程质量和管理工作水平，根据桥梁施工管理存在的不足，结合精益思想的要求，可以采取以下管理对策。

(一) 推行"5S"管理方法

"5S"管理方法是一种现代管理方式，具体内容包括整理、整顿、清扫、清洁与素养五个部分的内容。该方法符合精益思想的要求，将其用于桥梁施工管理中，有利于确保施工现场秩序良好，降低不必要的损失，促进项目工程管理水平提升。整理是指对施工现场有无使用价值的物品进行分类，对可以循环使用的物品进行加工和再利用，从而防止资源浪费，促进资源利用效率提高。整顿是指合理安排施工材料、机械设备，确保桥梁施工现场秩序良好，并做好标识工作，方便施工人员开展各项活动。清扫是指在桥梁工程施工中，应该安排专门工作人员将垃圾、杂物、污迹等清理干净，保证施工现场干净整洁。清洁是

指对施工机械设备、施工材料、施工现场进行清扫，确保施工现场清洁，并推动各项活动的制度化与规范化，提高管理工作水平。素养是指要提高施工人员的综合素质，遵循工艺流程施工，规范现场施工秩序，降低设备故障的发生率，规范材料存放和领取，为提高桥梁管理工作水平，推动施工顺利进行奠定基础。

（二）严格施工进度管理

制定有效的施工进度计划，规范施工管理活动。编制合理的桥梁施工进度计划，把握施工技术要点，科学安排施工机械设备、材料和施工人员，使之形成合力，更为有效地开展项目施工。根据精益思想的要求，落实生产及时制，将准时施工作为重要目标和追求、同时，严格控制每道工序质量，确保顺利完成施工任务。

（三）规范施工管理流程

遵循精益思想的要求，结合桥梁现场施工需要，构建无间断操作流程，并合理配置施工人员、材料和机械设备。推动桥梁施工各道工序顺利进行，落实桥梁施工管理规章制度，严格落实工期目标和施工计划，节约成本，提高桥梁施工效益。

（四）创新施工管理理念

面对新形势和新挑战，桥梁管理人员应该创新施工管理理念，与时俱进，提高思想，注重新的管理方式应用。在桥梁施工管理中要融入精益思想，对每道工序，施工每个阶段都开展有效管理，减少材料和人力资源浪费，促进桥梁施工管理水平提高。

（五）推行精准施工流程管理

为减少桥梁施工浪费，管理中引入精益思想是必要的，这样有利于充分利用各种资源，减少浪费，提高资源能源利用效率。推动精准施工流程，落实标准化施工和管理理念，让不同工序和工种实现无缝对接，保证桥梁施工连续、顺利进行。这样不仅有利于保证工期，还有利于提升工程质量。

（六）管理过程中落实精益思想

桥梁施工管理中落实精益思想，加强施工材料管理，确保材料质量合格。加强桥墩、桥面、混凝土工程、钢筋工程施工监控，重视沉降观测和控制[4]。进而防止返工现象发生，避免资金和人力资源浪费，有利于节约成本，提高管理工作水平。

（七）重视现代信息技术的应用

利用计算机、互联网、视频技术、无线技术等，建立健全的管理系统，并录入详细的数据信息，全面掌握桥梁施工基本情况，有利于落实各项管理措施。加强桥梁施工现场监测，严格控制沉降现象，避免返工和不必要的损失出现，保证工程质量。

整个桥梁施工管理过程中，为实现对工程质量的严格控制，提高管理水平，落实精益思想是必要的。作为管理人员和管理单位，应该加强精益思想的学习，掌握管理工作的具体要求。然后根据桥梁工程建设基本情况，创新管理理念，制定有效的管理措施，将精益思想落实到桥梁施工管理活动当中。从而有效提升管理工作水平和桥梁施工单位的竞争力，确保桥梁工程建设的质量和效益，也为项目工程有效运行创造良好条件。

第七章 道路桥梁施工管理

第一节 道路桥梁施工管理的问题及解决措施

道路桥梁建设在一定程度上影响着区域经济的发展，改变着人们的生活方式，提高人们的生活品质。但目前各种道路桥梁施工事故频发，这就需要完善道路桥梁施工管理，因此本节分析道路桥梁施工管理的作用，分析道路桥梁施工管理所存在的问题，并提出相应的解决措施，从而提升道路桥梁施工管理施工管理水平。

一、道路桥梁施工管理中存在的问题

（一）施工管理意识薄弱，施工管理流于形式

在道路桥梁施工过程中，很多施工工地管理人员都缺乏一定的施工管理意识，具体表现就在于施工管理人员对物料管理、工程质量、工程安全及进度缺乏一定的重视，导致在施工过程中出现种种纰漏，不利于道路桥梁施工建设的安全性及其质量；不利于工程进度的掌控。其次，道路桥梁施工管理制度建设不完善，其中主要包括施工管理人员配备不符合工程实际情况，施工管理人员在具体的工作中存在着权责不分的情况，从而导致施工人员在施工过程中没有切实的履行职责，从而使得道路桥梁施工管理过程遭遇重重波折。

（二）混凝土及钢筋等施工材料问题，施工材料管理不合格

为了追求经济利益最大化，很多道路桥梁施工管理人员在施工材料采购之上倾向于采购较为低廉的施工材料，同时有些施工人员对原材料的保养维护及其配比之上存在着问题，导致施工材料成为造成施工安全隐患的因素之一，其中混凝土所造成的裂缝问题，及钢筋材料造成的腐蚀问题，在施工材料中最为突出。首先是混凝土，由于混凝土本身问题，导致混凝土产生水化反应，再加上内外温差较大，致使道路桥梁出现裂缝问题；此外由于施工人员在进行混凝土配比之时，没有依据道路桥梁施工工程实际情况进行配比，而单纯地依靠经验来操作，致使道路桥梁出现裂缝问题。其次是钢筋，除了采购人员采购较为劣质

的钢筋材料导致腐蚀之外，很多施工队伍在采购完钢筋之后没有对钢筋材料进行防腐蚀保护，从而在遭受雨雪天气时，钢筋材料容易出现腐蚀情况，继而影响钢筋寿命。

(三) 施工过程安全性问题，且存在施工进度质量问题

在道路桥梁施工过程中，由于施工管理者安全意识薄弱，再加上现场施工人员众多，如果没有一套完善的人员管理措施，势必会造成施工现场的混乱，继而影响施工顺利开展，严重的还会造成安全事故，因而施工现场安全管理十分重要。

二、道路桥梁施工管理中存在的问题的解决措施

(一) 强化施工管理意识，建立完善的道路桥梁施工管理制度

目前在很多道路桥梁施工队伍管理者，其施工管理意识不强，施工管理流于形式，这就为诸多道路桥梁施工埋下了隐患，使施工不能顺利进行，严重影响工程质量及工期进度。因而作为施工队伍管理者，应提升施工管理意识，应在物料采购及管理、工程质量、工程安全及进度之上多下功夫，从而使物料采购符合要求、保证工程安全、保障工程质量及进度。除此之外，还需要建立完善的道路桥梁施工管理制度，也就是需要完善工地人员设置，合理划分工地各部分权责，建立奖惩机制及激励机制，从而提升各部门人员责任意识，提高工地人员工作积极性，促进施工顺利进行。

(二) 落实采购环节规范性，加强施工材料管理

混凝土及钢筋是道路桥梁施工中的重要建筑材料，一旦混凝土及钢筋材料出现了问题，就会影响整体的道路桥梁工程质量。而目前很多道路桥梁出现裂缝问题或结构性差的问题，都与这两样建筑材料息息相关，而造成工程质量问题的原因，一是在于采购价钱较为低廉的施工材料；二是在于施工人员管理维护及配比操作等方面经验缺失，因而为了避免因为施工材料问题造成的工程质量问题，就需要从以下方面入手，即：加强施工材料采购环节的规范性，在注重施工材料质量的前提下保证施工材料价格低廉，从而落实施工材料成本管理，保证施工材料性价比；加强施工材料的维护工作，比如钢筋材料，需要做好防腐蚀工作，从而避免出现由于管理维护不当而造成的原材料质量下降；在配比混凝土等原材料时，不能一味按照经验进行配比，还需要考虑到道路桥梁工程的差异性，以及天气及环境的差异性，结合各个工序对混凝土的要求，同时还需要完善混凝土搅拌技术，从而使混凝土配比更为科学合理，避免出现裂缝现象。

(三) 重视施工过程的安全管理，加强施工质量管理及进度管理

道路桥梁施工现场人员过于复杂，必须得注重施工现场的安全管理，比如定期在施工现场开展安全培训讲座，在施工现场设置安全警示标志等。这是由于科学的人员管理有助

于使工程顺利进行、有助于提升工程整体进度、有助于避免意外事故、有助于保障人员安全。除此之外，施工质量管理及安全管理也尤为重要。落实施工质量管理，就需要选择合适的施工方法及施工工艺，确保施工的经济性及适用性；在施工过程中，应注重结合施工实际情况对施工工艺进行合理科学的调整，以确保顺利施工，保证工程质量；同样在施工过程中，如果发现质量问题，应考量问题出现的原因，然后制定具体的修复方案。落实施工进度管理，就需要在施工之前制定完善的施工进度纲领，在施工过程中严格按照施工进度纲领进行操作。

道路桥梁施工过程过于复杂，这就需要完善的施工管理，从而保障其施工质量，这是由于完善的道路桥梁施工管理，关系着整个道路桥梁建设质量，关系着道路桥梁的安全性及稳定性。因而文章对当下道路桥梁施工管理所存在的问题进行分析，并提出改善建议，从而确保施工过程的顺利进行。

第二节　道路桥梁施工管理养护对策探究

道路桥梁工程对我国的经济建设具有积极的促进意义，尤其是在当前的时代背景下，我国城市化进程加快，道路桥梁工程数量增多，需要加强重视力度，才能促使行业稳定发展。

一、道路桥梁施工管理养护的重要性

道路桥梁施工管理与养护属于一项长期的工作，其主要的工作目标是提升桥梁工程的质量，通过合理的养护消除其安全隐患，并解决存在的问题，延长道路桥梁的使用寿命，提升工程经济性，满足当前时代发展需求。受道路桥梁自身的性质影响，其结构较为特殊，需要长期承受负荷压力，因此导致其局部设施容易出现损伤，此时其损伤对道路桥梁质量产生的影响较小，但需要及时进行处理，以避免其损伤逐渐扩大，最终造成道路桥梁结构损坏，形成安全事故，道路桥梁施工对于我国交通运输行业发展影响较大，也是当前建筑行业的重点内容，工作人员在日常工作过程中，应及时对道路桥梁病害问题进行诊断，及时采取有效的措施进行维护，以延长道路桥梁使用年限寿命，提升工程经济效益。与此同时，合理进行道路桥梁施工管理养护，还有助于降低道路桥梁安全事故的发生概率，消除道路桥梁自身质量对行车产生的负面影响，道路辙痕、桥头跳桥现象等，均可能造成严重的安全事故，因此必须加强道路桥梁施工管理养护，消除其存在的风险，保证道路桥梁的耐久性与安全性提升，为人们提供优质的出行服务。

二、道路桥梁施工管理养护的特点

道路桥梁施工管理过程中，由于其自身的性质较为特殊，要求工作人员严格按照当前的施工标准进行把管理，保证施工技术的安全合理，从整体上进行完善，以提升道路桥梁工程质量。在进行道路桥梁养护过程中，其自身具有一定的强制性，需要定期进行检查与养护，以保证道路桥梁安全隐患与问题得到及时的解决，消除外界因素产生的影响，为人们提供优质服务。道路桥梁施工管理与养护涉及的内容较多，范围较广，例如不仅包括日常的道路桥梁养护与修复，还包括当前的环保设施管理与生活服务等工作，从整体上提升道路桥梁质量。与此同时，道路桥梁施工管理养护方式呈现出明显的主动性与时效性，需要在操作过程中遵循相关的原则，建立规范的管理养护流程，保证其技术具有较强的专业性，灵活应用现有的新工艺与新材料优势，延长道路桥梁的使用寿命，促使城市化进程加快。

三、道路桥梁施工管理养护的有效策略

（一）积极提升道路桥梁养护工作人员的综合素养

根据当前我国道路桥梁施工管理现状，应积极建立高素质道路桥梁施工管理养护队伍，设置完善的养护机构，充分发挥出人才的优势，定期进行道路桥梁检验，制定完善的养护管理计划，以满足当前发展需求。例如，现阶段我国对道路桥梁施工养护队伍建设重视力度不足，部分工作人员专业水平素养较低，难以实现高质量的道路桥梁养护，因此应积极进行培训，定期开展相关的基础知识课程，促使工作人员通过培训提升自身的综合水平能力，加强对道路桥梁施工管理养护的认知，充分发挥出自身的作用，灵活应用先进的方法与理念，及时处理道路桥梁中存在的问题，积极开展日常的维护工作，保证道路桥梁质量，为人们提供优质的服务。与此同时，还应积极引进先进的技术人才，通过人才带动技术创新，发挥出新技术优势进行道路桥梁养护管理，从整体上提升工作质量，满足当前的需求。

（二）积极落实道路桥梁施工管理养护工作避免形式化

现阶段，我国部分地区在进行道路桥梁施工管理养护过程中，存在明显的形式化情况，其工作落实不足，导致道路桥梁中经常发生安全风险，甚至部分道路桥梁问题原本对道路桥梁质量影响较小，但由于长期未能进行及时的养护，导致其问题进一步扩大，造成不良的影响，最终形成较为严重的安全问题。因此，应积极落实道路桥梁施工管理养护工作，制定完善的养护检查计划，及时发现道路桥梁中存在的微小问题，采取有效的措施进行处理，将安全风险消除在萌芽中，以保证道路桥梁整体质量。相关部门应加强监督，与工程单位、技术部以及监理单位进行合作，实行联合处理，从整体上进行工作落实，满足当前的需求。加强资金的投入力度，从整体上进行养护，定期进行道路桥梁加固、维修与养护，

并预留充足的资金进行修缮，为我国的道路桥梁工程发展奠定良好的基础。

（三）建立完善的道路桥梁养护档案并积极进行加固维修

道路桥梁施工管理养护属于一项长期的工程，因此工作人员应建立完善的养护档案，针对其道路桥梁存在的问题进行详细的记录，并进行合理的保存，为以后的道路桥梁施工管理养护提供精确的数据资料，以满足时代发展需求。制定完善的安全问题应急方案，加强对道路桥梁施工管理，并保证各个环节安全，选择合理的方式施工，从根本上杜绝施工安全隐患对工程质量产生影响，提升管理质量。与此同时，积极对现有的道路桥梁进行加固维修，如加固混凝土墩台、加固混凝土结构、加固桥基础、加固桥面铺装层等，采取有效的措施进行处理，并消除道路中存在的裂缝，灵活应用新材料与新工艺进行处理，避免小病害变为大病害，来提升道路桥梁质量。

综上所述，在当前的时代背景下，我国应加强对道路桥梁施工管理养护的重视力度，从整体上进行完善，制定合理的养护管理制度，定期进行道路桥梁质量检查，针对现有的病害应积极进行处理，避免其扩大影响。培养高素质人才，积极加大养护资金的投入力度，充分发挥出人才优势，以保证道路桥梁质量性能符合运行标准。

第三节　道路桥梁施工管理中裂缝的处理

针对道路桥梁施工管理中裂缝处理现状进行有效分析，结合道路桥梁工程实例，详细介绍妥善处理道路桥梁施工管理中裂缝的重要性、道路桥梁施工管理中裂缝产生原因，提出道路桥梁施工管理中裂缝处理措施，希望能够给相关工作人员提供一定的借鉴。

最近几年来，伴随我国道路桥梁工程建设数量的不断增多，道路桥梁施工管理中的裂缝处理问题越来越突出，为了保证道路桥梁中的裂缝得到更好的处理，延长道路桥梁的使用寿命，工程中的施工管理人员要结合道路桥梁裂缝特点，不断引进先进的裂缝处理方法进行处理，进一步提升道路桥梁结构的稳定性与安全性，防止道路桥梁工程出现结构失稳现象。鉴于此，本节主要分析道路桥梁施工管理中的裂缝处理要点。

一、妥善处理道路桥梁施工管理中裂缝的重要性

在道路桥梁施工管理过程中，通过妥善处理裂缝，能够保证道路车辆能够更加安全地运行，有效减少道路交通安全事故的发生。为了保证道路桥梁施工管理中的裂缝得到有效处理，施工管理人员需要结合道路桥梁结构特点，合理控制交通荷载，在保证道路车辆稳定运行的基础之上，减少裂缝的出现。由于我国道路桥梁工程的建设规模比较大，在一定

程度上增加了施工管理难度，因此，工程中的施工管理人员要充分认识到施工裂缝对道路桥梁的危害，对原有的裂缝处理方案进行优化，进一步提升道路桥梁结构的可靠性，满足人们的出行需求。

除此之外，通过妥善处理道路桥梁施工管理裂缝，能够有效降低道路桥梁工程施工风险的发生概率，保障施工人员的人身安全。在道路桥梁施工管理过程中，由于施工方法不合理，道路桥梁表面很容易出现较大裂缝，降低道路桥梁结构的承载能力，影响道路车辆的正常运行；通过对道路桥梁施工管理裂缝进行妥善修复，能够有效减少道路交通安全事故的发生，保证道路车辆能够安全运行，提升道路桥梁工程的总体效益。

二、道路桥梁施工管理中裂缝产生原因

（一）道路桥梁载重较大

如果道路桥梁的载重过大，不仅会降低道路桥梁结构的可靠性，而且很容易引发严重的裂缝，影响车辆的道路安全行驶。在道路桥梁工程当中，由于工程的建设施工规模比较大，需要的施工材料较多，施工管理难度大，如果施工现场中的施工材料堆积过多，道路桥梁工程很容易出现载重较大现象，从而产生较大的结构裂缝，影响道路桥梁施工管理工作的顺利进行。另外，在道路桥梁施工过程中，如果施工设备载重较大，同样会引发严重的结构裂缝。为了有效减少道路桥梁施工管理裂缝的出现，工程中的施工管理人员要严格控制路面载重，做好施工现场材料布局工作，预防施工管理裂缝的产生。

（二）施工现场管理体系不完善

如果道路桥梁施工现场中的管理体系存在较多缺陷，施工人员经常不控制各项施工设备，道路桥梁很容易出现负荷裂缝，降低道路桥梁结构的安全性。因此，想要有效减少道路桥梁施工管理裂缝的出现，工程中的施工管理人员应对原有的管理体系进行完善并结合各项施工材料的使用情况，做好施工现场材料布局工作，保证道路桥梁工程施工现场各项材料得到高效应用。例如，在某道路桥梁工程当中，施工管理人员通过对原有的施工管理体系进行改进，认真检查混凝土、钢筋等施工材料强度，能够有效减少施工管理裂缝的产生。

（三）施工人员的安全意识较差

由于道路桥梁工程中的施工人员安全意识比较薄弱，会影响道路桥梁工程的整体施工质量，降低工程经济效益。由于道路桥梁工程的施工规模不断扩大，施工现场的施工人员数量较多，使得施工管理难度不断加大，再加上部分施工人员的安全意识较差，会降低各项施工材料的使用率，延长工程整体施工周期。为了保证道路桥梁工程中的施工管理裂缝

得到妥善处理，施工管理人员要定期对施工人员进行安全培训，有效减少施工管理裂缝的出现，提升道路桥梁工程的施工质量。

三、道路桥梁施工管理中裂缝处理措施

（一）工程概况

某道路桥梁工程全长为500m，工程结构比较复杂。由于该道路桥梁工程施工规模较大，增加了工程的施工管理难度，为了有效减少施工管理裂缝的出现，施工人员要运用合理的裂缝预防措施，结合道路桥梁结构特点，不断引进先进的施工工艺，保证道路桥梁工程结构更加可靠。

（二）裂缝预防措施

道路桥梁施工管理裂缝预防措施如下：

第一，对道路桥梁工程中的结构负荷进行规范设计与管理，并结合道路桥梁的承载能力，选择相应的施工材料，保证道路桥梁施工负荷得到更好的控制，减少施工管理裂缝的出现。在道路桥梁施工管理过程中，管理人员要结合荷载的布局情况，将荷载进行合理的分配，有效避免超负荷现象的发生，减少负荷裂缝的出现。由于该道路桥梁工程结构比较复杂，在进行结构负荷管理时，管理人员要结合道路桥梁施工进度，适当引进先进的施工工艺，为施工人员提供良好的技术支持，有效提升道路桥梁的承载能力，减少负荷裂缝的产生。

第二，严格控制道路桥梁施工材料，如果道路桥梁工程中的混凝土、水泥等施工材料管理不到位，在施工的过程中，很容易出现热胀冷缩的现象，引发严重的温度裂缝，降低道路桥梁工程结构的稳定性。因此，工程中的施工管理人员要严格控制各项施工材料质量，并做好相应的分类工作，进一步提升道路桥梁工程的施工强度。

第三，道路桥梁工程中的施工管理人员要适当加大施工环境管理力度，根据相关研究表明，通过对道路桥梁施工环境进行有效的管理，能够有效预防施工管理裂缝的产生。在道路桥梁施工过程当中，施工管理人员要对施工现场环境进行科学管理，允许施工人员在高温环境下向混凝土中加水，保证混凝土中的水分得到有效补充，减小外界环境条件对工程施工质量的影响，避免道路桥梁表面出现较大裂缝。

（三）裂缝修复措施

通过对道路桥梁裂缝进行有效修复，能够更好地提升道路桥梁结构的完整性，保证道路桥梁能够更好地投入到使用中。道路桥梁裂缝修复措施如下：

第一，合理应用内部灌浆法，对道路桥梁裂缝进行修复。施工管理人员在实际工作中，一旦发现裂缝，可以安排施工人员在裂缝内部灌入一定量的水泥砂浆，对裂缝边缘进行妥

善处理，做好裂缝口封堵工作，进一步提升道路桥梁施工管理裂缝的修复效果。为了保证灌浆法得到有效应用，施工人员需要合理选择裂缝修复浆液，保证道路桥梁裂缝面与浆液有效结合。

第二，对于道路桥梁表面的细微裂缝，如果采用灌浆法，则会降低裂缝的修复效果，因此，施工人员要结合道路桥梁表面细微裂缝的分布情况选择合理的修复，可以在裂缝表面贴补混凝土，由于混凝土具有良好的防水性能，将其贴补到裂缝表面能够将空气与裂缝阻隔开，对道路桥梁结构整体性起到良好的保护作用，有效提升道路桥梁裂缝修复效率。

第三，针对道路桥梁荷载裂缝，施工人员要采用先进的裂缝修补方法进行修复，可以采用预应力法与结构固定法进行修复，保证道路桥梁外观的美观性，提升道路桥梁结构的可靠性。如果道路桥梁荷载裂缝比较大，施工人员也可以采用锚固补充法进行修复，先对道路桥梁裂缝结构进行锚固，再对道路桥梁表面进行裂缝修复，有效提高道路桥梁工程的施工强度。

本节通过详细介绍裂缝预防措施、裂缝修复措施实施要点，能够帮助道路桥梁工程中的施工管理人员更好地了解裂缝分布特点，提高道路桥梁裂缝的修复效果。对于道路桥梁工程中的施工管理人员而言，要不断学习先进的裂缝修复方法，提升自身的施工管理能力，保证道路桥梁工程中的裂缝得到妥善处理，从而推动我国道路桥梁工程的稳定发展。

第四节　道路桥梁施工管理工作的研究

近年来，我国的经济飞速的发展。在现代的经济发展中，交通运输和物流发挥着重大的作用。交通运输离不开道路桥梁的施工，完善合理的道路就像血管一样为各个地区输送着新鲜的血液。为了保障国民经济的发展，促进社会的进步，保质保量地完成道路桥梁的施工就变成了非常重要的事情，另外，施工的速度和成本的控制在工程量巨大的今天也需要控制的方面，综合来看，在施工的过程中，技术固然重要，但是管理对于工程的整体也是至关重要的。下面就结合工作中的实际经验，介绍一些对于道路桥梁施工管理的研究。

一、工程项目的整体管理

目前的工程项目都是一些庞大的任务，必须要有科学的管理，以前很多的盲目的管理，对于工程的整体规划还有一些不和谐的因素。对于工程项目的整体管理，分为三个部分来执行是比较合适的，分别是整体的规划、分阶段的目标制定以及施工过程的进度监督这三个部分，下面具体地介绍一下。

(一) 工程项目的计划制定和综合协调过程

随着工程工作量的加大，项目涉及的部分也在不断地增多，如何把众多的部分整体协调的调动起来，以最大的效率完成整个的工程项目是管理工作的重要内容。在科学协调管理的方面，需要有两个方面的注意事项：一是要有一个整体的管理框架，根据以前的施工经验和项目的具体工作内容，实事求是的做好整体的框架安排，明确各个部分的责任和协调工作的流程，这是管理过程最基础的部分；另外一个方面是，现在的工程涉及的影响因素非常的多，任务目标的规划不能过分地死板，否则一个部分出现问题会影响整个工程的进度和质量。为了解决这个问题，在管理的时候要有一定的灵活余量，方面基层的管理人员根据情况及时的做出调整。为了协调各个部门之间的工作，在材料、劳动力、设备的管理方面都要做好相应的安排。

(二) 工程项目各个阶段的任务规划

要想做好一个项目，必须要注意细节。上边提到的是宏观的安排和部署，但是在实际的过程中都是由一个个的小目标组成的。第二部分就是工程项目各个部分的规划。在项目中，一般是分为施工准备、施工过程、竣工验收以及交接后的质量保障这几个部分。在各个阶段的维护中，要从项目的具体内容出发，结合管理经验，将工作的内容具体化，不能是一带而过的安排。对于工作的细节作出部署，人员的职责上精确到人，每项工作都要有指定的责任人。在各个部门职责的安排上，要适当地做好分配工作，既要方便施工也要各个部门之间相互制约和监督，避免责任事故的发生。最后，要设立相关的责任监督和信息反馈机制，要根据出现的问题及时地在管理方面做出调整，适应项目的情况。

(三) 工程项目的过程控制和进度的监督

一个完美的部署如果没有可靠的执行也是不行的，所以第三个部分是施工过程的监督和管理。在这个部分也是两个方面的重点：一是要管理施工的进度。工期在施工的管理中是一个非常重要的方面，分阶段的做出监督，避免到最后的时候发现不能竣工。二是要监督施工过程中工程完成的质量。施工的过程是环环相扣的，路基的环节出现问题，必定会影响工程的整体质量，轻的话会造成工期的延误，严重的时候会导致出现后果比较严重的责任事故。管理工作的内容是需要及时地了解工程的进展和完成的质量，保障完成的部分都是合格的。在施工的过程中如果出现图纸变更这样的情况，需要及时的联系，对于原材料的供应等问题都需要妥善的解决。

二、道路桥梁施工的质量控制和管理

施工的最终目的是建成一定规格质量的工程，更好地服务社会。所以工程的质量必须要切实的保障。不能以牺牲工程的质量为前提来加快工程的进度。

(一) 施工前准备工作的质量控制

施工的管理者不是施工的执行者，所以在施工前的准备工程中要做好精神的传达工作，强化工人的责任意识和质量意识。从中层管理到基层管理和施工的工人，每个人都要牢固树立质量意思，在施工的过程中不能怕麻烦而偷工减料，对于全员的质量教育工作一定要保障到位。

(二) 施工过程的质量控制

对于管理工作而言，施工过程的质量控制是两个方面的内容。一方面，管理工作要有一个合理的规章制度。没有规矩不成方圆，在工程的开始就要制定相关的规章制度，在没有特殊情况的时候，要按照制定的规章制度办事。质量保障制度的建立是保障质量的先决条件；另一个方面是要落实指定的规章制度。不执行的规章制度和废纸是没有区别的，在施工的过程中，安排不定期的抽查，结合定期的检查，并安排一定的奖罚制度，可以保障规章制度的可靠执行。

(三) 施工进度的控制

施工进度的控制是保障工期的一种重要方式。在施工进度的控制问题上，要根据现场的情况，定时跟踪工程的完成情况，核实工程的完成情况和质量，在一定的限度内，要尽量增加检查的频率，这样方便及时发现问题。当进度偏慢或者质量不达标的时候，要和相关的技术人员及时开会讨论解决的办法。合理的调度保障工程的进度。

(四) 施工成本的控制

施工单位作为企业，完成工程的最终目的还是要有一定的盈利。为了竞标要压低价格，所以如何科学地降低成本成为增加盈利的一种重要方式。下面分为三个方面，详细地介绍一下。

1. 在施工工艺和工序的安排上做文章

在科技发展迅速的今天，施工工艺的发展和工序的改善取决于科技的进步。一般情况下，运用先进的施工工艺和合理的工序，在一定的程度上可以降低施工的成本。这样要求在施工的时候要尽量关注科技的发展，利用新型的技术，采购一些效率比较高的设备，这都是降低成本的方法。

2. 在施工的进度和质量上做文章

施工的进度和质量的保障也是降低成本的方式。在较短的时间内完成一个项目可以让企业投入到其他的项目中去，另外，以较短的时间完全可以降低工人的成本，工人的工资一般是按照时间结算的，所以，时间越短，工人的工资部分就越少。此外，如果工程的质量得到了保障就没有重新地施工和修复工作,这也是降低成本的方法。

3. 在原材料方面做文章

原材料的开支是工程开支的一个重要方面,要想办法降低原材料的价格。在购买原材料的时候要货比三家,选择质量合格而且价格低的厂家购买。在原材料的使用和运输过程中,要尽力减少浪费,适度地减少原材料的用量,这就可以节省出一部分钱来。

三、施工过程的安全管理和控制

最后一个部分是至关重要的一部分,这就是安全生产。安全生产是我们提倡的一种理念,为了保障安全生产,要做好以下几个方面的工作:(1)做好足够的安全教育工作,不能有麻痹大意的心理;(2)在醒目的位置悬挂警示标语,时刻提醒工人注意安全;(3)根据施工的具体情况,安排合理的制度和工序,确保在正常施工的情况下不会发生安全事故;(4)设立适当的监督,及时发现危险,防患于未然。

道路桥梁的施工管理非常重要的,管理是一个涉及方方面面的问题。根据现场情况的反馈,管理的手段和方式内容也需要不断完善,做到与时俱进,适应时代的发展。作为管理者也要不断地研究学习,以更加完善的管理来面对可能发生的问题。

第五节 道路桥梁施工管理的优化

在目前为止,受经济发展水平迅猛增长的影响,我国城市化进程不断加快,与此同时,也带动了交通运输行业的快速发展。在此基础上促进了我国交通建筑行业的发展,包括道路桥梁建设的发展。从某种角度来看,建设道路桥梁工程是很重要的,就人类出行来看,就对人类出行交通方面起到了很大的积极作用。另外,道路桥梁的良好的发展态势也间接的反映了我国城市化进程的加快,以及人民生活水平的提高,甚至于反映了我国国民经济发展水平的提高。所以,在道路桥梁施工工程进行工作之前,每个单位或者每个企业都应有着充足的准备工作,在准备期间应提早掌握各种情况,并且提前做好准备,制定好合理的策划。在施工之前就制定出一个好的策划是必不可少的,这有利于施工工作的顺利开展,同时,也促进施工更好地进行下去,在策划的指导之下。一份优秀的策划不仅有利于施工的顺利开展工作,同时,在施工过程中,也能最大程度的为企业施工节约成本,提高资源利用效率,为企业减轻经济负担。做好之前的策划准备工作后,就要考虑施工进行过程中出行的种种问题了,在施工进行过程中,要仔细做好监督工作,合理针对具体情况制定出不同的详细的解决措施。

一、影响因素

（1）首先，施工过程中会受到施工所需用到的材料问题影响，不管进行什么工作之前，都应在材料准备工作上多下功夫，在施工工作开展之前，应仔细认真的妥善选择好所需的材料器材，尤其是用于建筑的材料的选择。如果前期在建筑上材料的选择出行了问题，质量不能得到很好的保障的话，那么建筑物或者说是道路桥梁的建设一定不会符合国家的标准，从而出现不合格的情况。就当前情况来看，单从我国来看，我国建筑行业市场提供的供施工使用的材料普遍不太合格，且有很多产品不符合国家标准，存在着或多或少的质量问题。以市面上经常出现的瘦身的钢筋材料为例，经过特殊处理的钢筋在其外形上是达到了要求的瘦身处理，但也存在着严重的质量问题，一旦投入使用，势必会引起严重的后果。如果企业在选择材料上不考虑质量问题盲目选择，就会直接影响后期道路桥梁工程的整体效果，严重情况下会导致工程因质量问题出现重大事故，造成无法挽回的损失。

（2）受人为原因的影响。在人为方面出现问题的话，主要问题将会出现在高层指挥人员，行政监督人员，以及施工工人身上。在这些与建筑施工息息相关的人身上，有很多人并不懂工程的具体事项，只凭感觉进行工作，普遍会出现专业素养低的情况，从而造成工程施工进展缓慢甚至于出现问题。近年来我们国家的建筑施工工程行业不断出现问题或者故障，在很大程度上是由于相关的工作人员，管理人员，执行人员普遍专业素养偏低导致的。就施工的工程管理人员来说，他们在工程施工过程中起着较大的影响作用，他们专业素养的高低也很大程度上决定了工程是否可以顺利完工，以及工程是否能够安全高效的进行下去。

（3）受机器设备影响程度较高。就企业在选择工具来看，机械设备的选择是不可避免的，在很大程度上，选择良好的机械设备能够极大的促进工程的进展。这是因为优秀的机器设备不仅自身具有较高的工作效率，而且工作过程时间较为节约，促进了过程进展。但是，对于机械设备的使用方面，也要注意很多的问题，首先，机械设备不同于人工的方便管理，在一定时间内，要对其进行检查维修工作。另外，在平时的使用过程中也要注意及时保养工作，保证机械设备完好无损以便下次使用。

（4）受外界环境影响。受外界大自然环境的影响，施工队在进行道路桥梁的施工过程中需要面临很多的考验与挑战。首当其冲的就是受到自然环境的影响，在自然风吹，日晒，雨淋等环境的影响下，就加大了施工的难度。

二、主要解决措施

(一) 对混凝土的标准进行严格要求

最重要也是最先进行准备的工作是要仔细选择施工需要的混凝土。在选择过程中要仔细考虑到混凝土中水泥的质量情况。在满足其标准的同时尽量选择质量较高的水泥用于施工过程中；第二，在施工过程中，在施工进行的过程中，相关工人必须按照强度等级抗渗等级配比混凝土，还要充分控制好混凝土入模时的温度，进行分层浇筑以及设计合理的养护措施，通过在混凝土表面覆盖草席草帘等确保降低温度应力，避免混凝土出现温度裂缝，再次，在浇筑混凝土时一定要振捣充分，尤其是腹板内预应力管道比较集中的地方更要做到不欠振不漏振，确保混凝土浇筑密实。

（二）质量工作要严格把关

第一，施工企业在开始施工之前应提前做好准备工作，在施工之前做好勘探测量的准备工作。在进行放线去确定位置的步骤时不能出现错误或者大的误差，在进行过程中，尽量做到准确严密，避免因过大误差引起工程差错。在进行道路桥梁架设工程时，首先要进行建设桥墩，然后在此基础上；其次，由于桥梁结构形式很多，施设计好桥面的位置以及平整程度，着重对桥面工作进行处理。这个过程对工人的技术要求比较高，对其技术能力考验较大，因此，这就要求工人拥有良好的专业技能以及能够进行较高的操作。所以，施工企业在施工过程中必须严格一定要认真准确的按照设计进行行动处理，从混凝土的振捣、养生到预应力的张拉等都要严格管理和控制，以确保桥梁结构的承载能力。另外，还要着重注意桥梁外观的美观平滑，不能出现由于施工手段的缺陷或混凝土振捣不均而引起的外观质量欠缺。

道路桥梁的设计工作以及施工过程还需要更完善的处理，同时，也要求更好的优化措施从而更好地促进工程建设以及社会的城市化进程。

第六节 道路桥梁施工管理控制要点

在论述道路桥梁项目控制要点的基础上，结合实践经验和道路桥梁的施工与使用要求，分析道路桥梁施工管理要点，提出包含加强施工安全管理、构建完善的质量保证体系、加强质量控制管理、优化施工环境条件等在内的具体措施，以促进公路建设持续发展。

道路桥梁是公路工程的重要组成部分，也是常见的混凝土工程类型之一。如果道路桥梁施工管理不到位，则容易产生裂缝等一系列问题，不仅影响桥梁质量，还有可能引发安全事故。因此，必须对桥梁施工管理给予足够重视，根据桥梁施工特点，明确施工管理的要点和方法。

一、道路桥梁项目控制要点

（一）进度控制

施工前项目部需对工期进行倒排，同时制订进度计划表，明确施工主要线路与影响进度的重点工序，将二者作为进度控制的关键。施工中，严格按照进度计划进行操作，编制完善的阶段性计划网络，并对计划完成情况进行检查。

（二）技术管理

道路桥梁的施工技术要求很高，并且在施工中还需充分考虑地形、地质与气候等外界环境因素，通过技术调整克服各种施工难题，这对顺利完成项目十分重要。基于此，项目部需要成立一个专门的技术攻关小组，一方面根据工程实际情况，结合桥梁设计和使用要求，制订合理的技术方案，为施工提供可靠技术支撑；另一方面要始终坚持创新，改进现有施工技术，推广新技术，全面提高施工技术水平。

（三）质量控制

质量控制是道路桥梁项目控制的关键所在，如果施工中缺乏有效的质量控制，极有可能造成裂缝等质量问题。以裂缝为例，裂缝在道路桥梁等混凝土工程中十分常见。裂缝一旦出现，不仅降低混凝土强度，缩减承载能力，而且在持续受力状况下还会造成变形、坍塌等事故，但混凝土裂缝可保持在标准限度以内，则不会对结构性能造成太大影响。

混凝土裂缝成因有以下几种：

（1）材料存在质量问题，如水泥标号过低，存放时间长，导致水泥发生变质，或受潮导致性能降低；骨料质量低下，为降低施工成本，对骨料实行就近开采，未经检验直接在施工中使用等。

（2）混凝土配比不合理，存在较大随意性，仅凭借个人经验未能按照规范的要求实施配比操作。

（3）浇筑施工中未对混凝土进行有效振捣，或振捣过猛，导致浇筑不均匀；骨料集中、沉塌，导致在养护以后还会出现麻面与蜂窝。

（4）浇筑完成后，水泥放出水化热致使内温急剧上升，热量无法排除造成较大内外温差，形成温度应力，当温度应力超过混凝土极限后出现温度裂缝。

为了避免裂缝问题的发生，必须强化质量控制工作。首先，做好原材料的抽检工作，材料进场前后都要进行抽检，未经抽检或抽检不合格的材料禁止进场使用，以此避免因材料问题引发的质量问题；其次，项目正式开工以后，项目部需将工程目标作为指引，逐步形成以优质、安全和高效作为核心的指导思想，开展质量控制活动；最后，还需建立一套系统的质量与安全管理体系，完善管理制度，以确保工程质量。

（四）安全控制

构建一个以项目经理为核心的施工安全领导小组，根据项目施工实际情况采取有效的安全技术措施，同时对可能形成危险源的施工环节进行准确评估，在施工中严格把控安全。要将施工安全放在重要地位进行管控，确保安全施工方面的费用专款专用，通过培训与教育使全体工作人员都树立良好的安全意识，避免不规范操作的发生。

二、道路桥梁施工管理要点及措施

（一）加强施工安全管理

（1）确保施工组织安排的合理性，避免施工人员超负荷工作。道路桥梁施工人员本身工作强度较大，如果施工安全组织不合理，使人员长时间超负荷工作，将造成安全隐患。对此，可采取轮班制的组织方法，在不影响正常施工进度的同时，确保上岗的施工人员精神状态饱满，从而避免由于人员过度劳累造成的安全隐患。

（2）加强技术培训和职业规范教育，提升全体施工人员专业素质，强调施工操作规范确保施工安全和避免安全隐患的重要性，以此减少人员误操作等原因引发的安全问题，并起到加快进度的作用。

（二）构建完善的质量保证体系

（1）施工质量与人员息息相关，施工单位可采取完善的奖罚制度的方式来激发员工工作积极性，严厉处罚施工中可能影响质量的行为，如违规操作、擅离职守与偷工减料等；而对工作态度积极，并能按要求严格落实质量保证措施的员工，则要给予适当奖励。

（2）除施工人员以外，各类机械设备也是影响施工质量的关键要素，所以必须做好养护与维修工作。机械设备养护、维修虽然由专业机修人员负责，但机械设备的操作人员也要给予充分配合，在操作机械设备时认真观察，若发现异常，应及时上报，以此避免故障问题的发生。

（三）加强质量控制管理

（1）发挥试验检测对质量控制的重要作用。施工中，应在施工现场建立一个完善的驻地实验室，同时配置各类试验仪器与专业试验人员，实验室需要实行制度化管理，健全报告反馈制度，将试验数据作为依据确保施工质量。

（2）强化施工验收。工程监理应充分发挥作用，强化施工检查验收，按照技术规程组织施工，每道工序完成以后需在检查确认合格后才能进行下一道工序，做好工序交接记录，深入分析实际存在的问题，对已经完成的分项要在自检以后转交至监理方进行二次审查。

(四) 优化施工环境条件

1. 采光照明方面

道路桥梁施工露天作业，白天可借助自然光进行施工，无须设置额外照明设备，但要注意在关键部位和危险部位设置醒目的识别标志；夜间若有施工任务需配置充足的临时照明设备，施工前进行照度测试，检测合格后即可安排施工。

2. 环境温度方面

夏季时，应尽量避免在中午、下午等高温时间段施工，将一天内主要的施工任务安排在早晨和傍晚进行，以免在高温环境下作业导致施工人员中暑，引发安全问题；冬季则与夏季相反，应将主要施工任务安排在高温时间段进行，并且当环境温度低至不适宜施工时，应临时停止施工直到温度升高后继续施工。

3. 现场环境方面

道路桥梁施工现场不仅有大量施工人员、车辆、设备与材料，而且施工中还会产生飞尘与噪声，导致现场环境十分恶劣。为了降低现场环境对施工人员造成的不利影响，确保施工质量和安全，一方面要加强现场环境管理；另一方面要做好施工人员安全教育，佩戴安全帽等防护装备，并通过技术改进减少飞尘与噪声。

道路桥梁作为典型的混凝土工程，容易出现裂缝等质量问题，此类问题虽然和施工有直接关系，但基本上都是由于施工管理不到位造成的，尤其是缺乏有效的质量控制。对此，在道路桥梁施工中，首先要明确项目控制的重要意义，认清施工管理的各项要点，然后采取有效措施全面强化施工管理，从而在确保进度、安全的基础上提高施工质量。

第七节　道路桥梁施工管理养护及加固维修技术

近些年我国交通事业发展加快，现代化交通量逐步增加，交通荷载不断扩大，对道路桥梁承载力提出了更多更高的要求。所以当前强化道路桥梁施工管理养护以及维修加固是相关部门关注的重点问题。在施工管理以及加固维修过程中，相关施工部门要全面掌握道路桥梁基本现状，针对性应用不同施工技术与加固措施，提升道路桥梁施工安全性，提高道路桥梁结构稳定性，保障当地交通运输事业能稳定发展。

我国道路建设在最近几年发展非常迅速，然而国内不少的公路桥梁已经出现了损坏，对行车产生的影响非常大，除了导致舒适性降低外，交通安全也难以得到切实保证。

近些年我国城市化进程逐步加快，道路桥梁工程施工建设范围在逐步扩大。在公路基础项目建设中道路桥梁是重要组成部分，其长期应用中受到外部荷载作用以及环境要素等影响，其应用质量逐步降低，对交通运行安全性具有较大负面影响。通过规范化的道路桥梁施工管理养护与加固维修能有效提升桥梁安全性，对广大群众人身安全构成有效保障。公路桥梁在应用中会发生不同问题，因此必须要在保证结构稳定的前提下完成结构检测工作。对工程进行养护时，必须要对项目成本予以重点关注，确保施工管理能够真正落实到位，在当前时期，公路桥梁建设的具体要求提高了很多，管理养护、加固维修则是其中的重点所在，同时也是全面提升项目安全性的重要保障。

一、道路桥梁施工管理养护特点

从道路桥梁施工管理养护现状来看，在公路桥梁设计过程中需要拟定规范化设计标准。在道路桥梁工程养护阶段，养护操作具有强制性特征，道路桥梁项目建设在现有交通运输网中占有重要位置，所以项目养护过程中要严格遵循各项规范化要求。公路桥梁在施工管理养护过程中，养护对象较多，具有广泛性与全面性特征，要对道路以及桥涵多个结构进行养护管理，还要对项目诸多服务性设施进行养护。在养护中各项措施应用具有主动性与时效性特征，需要严格依照规定操作程序进行控制，其次养护技术应用专业性较为突出，在各类新材料与新技术工艺应用中，各项综合性养护成本较高，对施工技术人员与管理人员综合素质具有较高要求。

二、道路桥梁施工存在的不足

众所周知，道路桥梁施工呈现出明显的综合性特征，整个施工的周期是较长的，所要投入的资金也很大，要依据施工需要选择最为合适的施工技术，对施工质量展开有效的管控，如此方可使得施工质量、施工效益得到切实保证。然而从当前施工的现状来看，有些施工人员的责任意识是薄弱的，管理制度形同虚设，这就导致施工效果无法达到预期。

（一）管理技术不足

在道路桥梁施工的过程中，相关的管理工作是不能有丝毫懈怠的，然而从当前施工的现状来看，有些人员的责任意识十分薄弱，有些施工单位并未构建起可行的管理制度，管理技术的应用也不到位，这就使得施工管理呈现出无序的状态，工程质量也就无法得到保证。

（二）养护技术不足

在出现质量病害时，要在第一时间进行修复，同时要将养护施工予以有效落实，这样才能确保道路桥梁的结构更为稳固。然而有些养护单位对于管理是不够重视的，从事养护工作的相关人员也未掌握专业知识，还有就是投入到养护施工中的资金无法满足需要，这就使得养护施工的水平难以达到预期。

(三) 加固维修技术不足

质量病害的修复、加固是十分必要的，若想使得修复工作有序展开，从事养护维修工作的相关人员就必须要具备一定的综合技能。然而不少的维护人员并未掌握维修技术，这就使得加固维修的实际效果无法得到保证，这样一来，质量病害的修复效果也就难以达到预期，道路桥梁的实用性也就降低。

三、公路桥梁加固维修策略

(一) 桥体裂缝处理技术

在道路桥梁施工的过程中，细小的裂缝是较为常见的，如果施工人员对此不够重视的话，那么在投入使用后，在自然因素、车辆运行的影响下，裂缝就会变大，严重时还会发生断裂，所以说，必须要对桥体裂缝予以重点关注，并采用可行的技术进行处理。首先要通过喷涂的方法对表面进行处理，并使用具有一定伸缩性的材料对裂缝予以涂抹，这样可避免雨水造成严重的侵蚀。在对细微的裂缝进行修复时，此种方法是较为适合的，也就是通过黏度较高的浆液对裂缝表面进行喷射，这样就能够形成保护层，实现裂缝的修补。其次可采用注浆、填充法，如果裂缝较大的话，采用表面处理法难以取得理想效果，就要通过注浆、填充的方法来进行处理。一般来说，用于填充的材料主要是水泥材料、抗氧化树脂材料等，再次是要使用黏结钢板封闭法，桥体产生主拉应力裂缝，导致结构变得不够稳定，在对其进行处理时，就可通过黏结钢板来予以加压处理。

(二) 加固混凝土结构

在展开混凝土结构施工的过程中，要将损害混凝土予以清除，如果损害面积较大的话，应该使用的是高速射水法，并要通过黏结材料来予以封涂处理。如果损害面积并不大的话，应该通过手工方式来进行清除，锈蚀钢筋的处理一定要做到位。如果损害面积很大，而且呈现出一定的深度，对缺损部位进行清理时，要将手动、气动这两种方法结合起来，也就是先完成清洗，继而修补缺陷的部位。

(三) 加固墩台基础

对墩台基础进行加固时，要依据实际情况来进行维修。如果水位在 3 cm 以上，要对可能出现的损害展开排查，如果深度在 3 cm 以下，则通过套箱来完成修补。墩台采用的是刚性基础，应该要对基底的底部予以适当增加，对墩台主体进行加固时，则应该在上部、中部以及下部加设三道混凝土围，从而使得主体变得更为稳定。

(四) 桥梁加固技术

为了及时地修补公路桥梁的裂缝，应该对其表面进行处理，在裂缝表面涂抹填料以及防水材料，提高其防水性，延长其使用寿命。另外，对于宽度较大的裂缝，可以采用有伸缩性的材料进行填补，也可以采用注浆的办法，在裂缝内注入树脂或者是水泥类的材料，加固桥梁，以提高公路桥梁的承重能力。

(五) 基础加固维修技术

保证道路桥梁基础牢固是非常关键的内容。因此，应该重视桥梁桩基础维修加固，注重施工现场勘查，掌握现场施工基本情况，严格按要求进行施工和维修加固。施工过程中应该把握质量控制和技术要点，保证原材料质量合格，增强桩基础的稳固性与可靠性。对存在的质量缺陷，有必要及时采取加固维修措施，最终保证桥梁基础牢固与可靠，让道路桥梁工程更好运行和发挥作用。

四、公路桥梁施工管理与养护技术

(一) 完善施工养护制度

制定健全的养护制度，为有效开展道路桥梁养护施工提供指引。明确养护人员具体职责，增强他们的责任意识，促进道路桥梁养护施工水平提升。

(二) 加大养护资费投入

桥梁养护工程是维持桥梁正常运营，延长使用寿命的重要措施，各级交通主管部门需要投入一定的养护资费，其中，在每年的养护工作计划中，都要为桥梁的检查、维修和加固工作保留一定的资金，以备修缮需求。国家对桥梁工程投资重点的倾斜及工程项目集资渠道的多元化，为我国公路桥梁工程的发展提供有力保障。

(三) 桥梁养护施工管理队伍建设

我国的桥梁养护队伍目前仍然不够成熟。工人的专业素质参差不齐，专业养护难以完全做到。因此，各级公路部门要高度重视起桥梁养护工作，针对养护具体需求培养专业的人才队伍，努力实现专业人员、专门程序和专用方法，将养护管理工作部署到位，能够及时发现和处理各种突发事件，组建一支专业的养护维修团队，能够对桥梁工程进行专业的日常养护，具备进行桥梁小修的能力，向能够进行中修和大修的方向努力。

公路桥梁的维护管理工作一直是桥梁工程关注的重点内容。公路桥梁的管理养护，需要定期对桥梁进行全面评估，及时发现和修缮桥梁病害，控制养护管理，降低养护成本，延长桥梁的使用寿命，确保桥梁工程的质量安全和使用性能。

第八节 预算定额在道路桥梁施工管理中的应用

对预算定额进行概述，分析了预算定额在道路桥梁施工管理中的应用，包括在合同、费用、进度以及质量管理等内容，指出了预算定额在道路桥梁施工管理应用过程中存在的问题，提出了几点建议，旨在提升道路桥梁施工管理水平。

在道路桥梁建筑工程项目施工过程中，对于建筑企业，整个建筑项目推进的最终目的是实现经济效益的增长。在这一基础上，要有效实现现阶段的建筑企业的施工目标，针对道路桥梁工程开展有效预算定额管理对建筑效益的增长有重要的促进作用，但是，在现有的道路桥梁施工管理过程中，预算定额管理过程中还存在很多不足之处亟待改善。

一、预算定额的概念

预算定额主要是指在道路桥梁工程的正常施工状态下，按照固定形式的计量单位进行工程项目的施工推进，从而得出最佳的分项工程所需的人工、材料、机械台班消耗和价值货币表现的数量标准。该标准的推行，在很大层面上为后续施工制图提供了数据支撑，从而整理出工程造价、劳动量、机械台班以及材料的具体使用量的相应定额。据此能够发现，预算定额的规划管理过程中，以道路桥梁为研究对象时，必须提前将人工、材料以及机械台班的具体使用数量计算出来，然后按照道路桥梁工程的相关施工要求将计算出的数据参数纳入预算定额管理内容中，编制为施工标准手册，该手册便是整个道路桥梁工程施工期间的作业参考依据。

二、预算定额在道路桥梁施工管理中的应用

（一）在合同管理中的应用

在道路桥梁工程中，合同管理工作的开展是其中一项十分重要的管理构成部分，该工作的推进，可以有效将工程项目推进过程中各项施工责任与权利义务划分清楚，从而大幅度降低违约事件的发生概率，更好地保护施工参与合作方之间的经济效益。在道路桥梁工程的具体合同管理工作开展期间，首先要明确的是合同的定价，严格将合同中的管理规定内容落实到投标报价、工程分包以及外包工作中，同时，还应做好相应的市场调查工作，了解实际的建筑材料价格，借以降低工程的投资成本，在此期间，还要加强财务核算以及统计管理工作，控制道路桥梁的造价，防止资金浪费。

（二）在费用管理中的应用

在道路桥梁工程的费用管理过程中，作为施工方，应将预算定额的管理作用充分发挥到施工过程中，有效与工程的基本施工状况相结合，提前制定相应的成本、考核等计划，为后续工程施工提供指引方向。当然，在此期间，作为预算定额的管理人员，应详细调研在人工、材料以及机械方面的具体消耗数据，了解项目费用的应用去向，继而按照调查出的实际需求合理分配相关的费用支出。另一方面，工程的总负责人还要重视预算定额的作用，通过该内容制定更加合理的人工、材料、管理等费用支出，实现对工程建设的全局管控。

（三）在进度管理中的应用

在道路桥梁施工管理过程中，开展有效的进度管理工作，不仅是对施工任务顺利完成的一种保障，同时也是提高工程效益的保证。此时，工程管理人员除了要先制定相应的施工进度计划表，还要将预算定额的作用融入计划中。具体而言，在施工管理期间，要通过预算定额方案的运用合理规划施工进度，工期发生变化时，要按照变化内容及时调整相应的项目成本支出数额，并分析整理工期变化带来的各种影响。

（四）在质量管理中的应用

在道路桥梁工程的施工建设过程中，质量管理是整个管理工作的核心，而预算定额又是工程财务管理的重点，因此，从事预算定额的管理人员自身的能力水平成为制约预算定额管理的关键因素。为了有效提升工程施工质量，必须在确保成本最低的情况下保证施工质量，此时预算定额管理方法的应用可以实现这一目标，也可以帮助工程质量管理人员更好地掌握工程的实际成本控制状况。

三、预算定额在道路桥梁施工管理应用过程中存在的问题

在道路桥梁的施工管理过程中，预算定额管理方案的应用，在很大程度上提升了整个工程项目的管理效率。但是，在实际的管理工作开展期间，施工人员责任心有待提高、自身技能水平不够都影响预算定额管理方案应用价值的发挥，其产生的问题主要表现在以下方面。

（一）预算定额处理能力有限

在道路桥梁工程施工前，工程设计人员进行预算定额的编制时，由于受到编制工作经验有限的影响，编制出的内容多数是从以往的施工案例分析中整合出来的，因此，过度注重既往案例的借鉴与考察结果，这种情况下编制出来的预算定额通常与工程的实际施工内容、建设目标存在偏差，适应能力十分有限，最终导致工程造价控制工作的开展效果受到影响。

(二) 现有监督管理体制不完善

按照我国现有的相关法律法规，在工程中标承接企业正式开展道路桥梁工程项目施工之前，必须严格按照工程的相关施工规范和要求制定符合本工程的预算定额方案，借以提升对工程成本的控制效果。但是，部分企业为了在施工过程中获取最大的经济利益，实现净利润的增长，并未按照国家相关要求制定系统完善的预算定额计划书以及相关施工管理方案。在部分道路桥梁工程的施工现场，缺少相应的施工监管体制，导致无论是施工管理人员还是一线作业工人，均将获取效益放置在施工要位，从而罔顾对于施工质量的管控。

四、预算定额在道路桥梁施工管理应用问题的解决办法

(一) 注重预算定额监督管理体制的完善

在道路桥梁工程的施工过程中，要充分提升工程管理工作的开展效率，为施工提供相应的安全保障和经济效益保证，重视工程项目的预算定额监督管理工作非常重要。在此期间，作为工程的管理人员，要充分发挥预算定额管理的作用，实时掌握工程的施工具体状况及施工技术应用效果，面对质量层面出现的缺陷问题，必须严格按照预算定额编制的内容进行整改。一方面在控制施工进度的过程中，应严格按照工程预算定额编制的施工设计方案进行进度规划，确保工程按时完工；另一方面，作为工程预算定额管理人员，还应提升合同管理能力，严格履行自身的工程管理责任，降低施工索赔问题出现概率，为项目工程施工降低损失。

(二) 注重对材料成本的控制

对于道路桥梁工程，综合所有的施工成本，材料采购的成本占比约为总成本的60%，在这一基础上，为了确保工程的投建经济，提升建筑效益，作为工程的预算定额管理人员，要在施工现场做好相应的施工材料管理工作，杜绝材料浪费问题。与此同时，还应管控好相应的材料采购工作，提前进行材料市场价格调研，采购质量合格、价格低廉的材料，确保材料满足施工需求的同时，实现对施工成本的有效控制。

在结合具体施工项目的基础上，还应将预算定额管理方案有效融入管理过程中，借以提升对工程作业期间诸如合同、费用、进度等方面的工程管理水平，最终为我国整体的道路桥梁施工管理能力及水平优化奠定坚实的基础。

参考文献

[1] 程国柱，吴立新等. 道路与桥梁设计概论 [M]. 北京：人民交通出版社，2013.

[2] 程宗玉. 城市道路桥梁灯光环境设计 [M]. 北京：中国建筑工业出版社，2005.

[3] 崔艳梅；方申主审. 道路桥梁工程概预算 [M]. 重庆：重庆大学出版社，2012.

[4] 丁克胜. 土木工程施工 [M]. 武汉：华中科技大学出版社，2008.

[5] 丁烈梅. 路面施工技术 [M]. 北京：北京理工大学出版社，2017.

[6] 范伟. 道路桥梁维修与加固 [M]. 徐州：中国矿业大学出版社，2016.

[7] 高峰. 公路施工组织实务 [M]. 北京：北京理工大学出版社，2018.

[8] 胡昌斌. 道路与桥梁检测技术 [M]. 北京：人民交通出版社，2007.

[9] 贾朝霞. 道路与桥梁工程概论 [M]. 北京：中国建筑工业出版社，2010.

[10] 李栋国，张洪军. 道路桥梁工程施工技术 [M]. 武汉：武汉大学出版社，2014.

[11] 聂重军，黄琼. 道路与桥梁工程概论 [M]. 北京：中国建材工业出版社，2013.

[12] 孙家瑛. 道路与桥梁工程材料 [M]. 重庆：重庆大学出版社，2015.

[13] 王东升. 市政工程安全生产管理 [M]. 青岛：中国海洋大学出版社，2016.

[14] 王小靖. 公路工程施工技术 [M]. 中国原子能出版社，2017.

[15] 张银峰. 道路桥梁工程概论 [M]. 郑州：黄河水利出版社，2007.

[16] 周艳，贾朝霞. 道路与桥梁工程基础理论与监理实务 [M]. 北京：中国环境科学出版社，2006.